难忘的岁月

白芸生　著

燕山大学出版社

·秦皇岛·

图书在版编目（CIP）数据

难忘的岁月 / 白芸生著．—秦皇岛：燕山大学出版社，2020.8（2026.1重印）
ISBN 978-7-81142-870-4

Ⅰ.①难… Ⅱ.①白… Ⅲ.①区域经济发展－研究－秦皇岛－1985—1989
Ⅳ.①F127.223

中国版本图书馆CIP数据核字（2019）第233330号

难忘的岁月

白芸生　著

策　　划：中共秦皇岛市委党史研究室
出 版 人：陈　玉
责任编辑：朱红波
封面设计：刘韦希
出版发行：燕山大学出版社 YANSHAN UNIVERSITY PRESS
地　　址：河北省秦皇岛市河北大街西段438号
邮政编码：066004
电　　话：0335-8387555
印　　刷：廊坊市印艺阁数字科技有限公司
经　　销：全国新华书店

开　　本：700mm×1000mm 1/16　　印　　张：11.5　　字　　数：175千字
版　　次：2020年8月第1版　　印　　次：2026年1月第2次印刷
书　　号：ISBN 978-7-81142-870-4
定　　价：48.00元

目　录

中共秦皇岛市委六届全委会前十次会议纪事

中国共产党秦皇岛市第六次代表大会于1985年12月28日至31日在市工人文化宫举行。应出席大会代表405人，实到369人。在代表大会上审议通过了市委工作报告、市纪委工作报告。选举产生了中共秦皇岛市第六届委员会委员和中共秦皇岛市纪律检查委员会委员。

大会选举出第六届委员会委员33名（暂空2名），候补委员6名。委员：马长祥、王庆生、王瑞东、方宝枝、石春贵、田玉成、田树昌、白芸生、朱桂英（女）、乔文彬、刘任英、刘国安、刘朔全、刘振和、齐海旭（女）、李贤、李书和、李荣海、杨玉忠、杨金声、吴泽吉、张力、张士俊、张世尊、张树仁、陈力生、岳美君（女）、侯有三、顾二熊、高铁生、黄国胜、崔西夫、彭福寅。

候补委员：李忠信、马自凯、傅书元、李佩儒、郑久芬（女）、胡英杰。

大会选出纪律检查委员会委员：王云兴、尹忠、田树昌、冯日新、司如海、吉占业、刘兴旺、杨洽、杨宝山、吴松生、张士俊、张全兵、张贤勋、周玉铭、秦玉兰（女）、贾德礼、夏平川、钱国治、高兰栓、商彦文、董其彭、傅振东、路宝玉、裴庆吉。

委员会第一次全体会议

中共秦皇岛市第六届委员会第一次全体会议于1986年1月1日在市委机关举行。全体市委委员和候补委员出席了会议。会议选举产生了六届委员会常务委员会组成成员和委员会书记、副书记。审议通过了《中共秦皇岛市委关于领导干部带头端正党风的决议》，通过了市纪律检查委员会第一次全体会议选举产生的常务委员会组成人员。

白芸生、顾二熊、刘任英、朱桂英（女）、杨玉忠、张士俊、石春贵、李荣海、李书和当选为常务委员会委员。

白芸生当选为市委员会书记，顾二熊、刘任英、朱桂英（女）、杨玉忠当选为市委员会副书记。

田树昌、吉占业、张士俊、秦玉兰（女）、高兰栓、董其彭、路宝玉当选为市纪律检查委员会常务委员。

张士俊当选为市纪律检查委员会书记，田树昌、高兰栓当选为纪律检查委员会副书记。

在市委会第一次全体会议上作出《关于领导干部带头端正党风的决议》，是客观形势的要求，是针对当时党风方面存在的问题，以便使市委新的领导机构和新的领导成员发扬党的优良传统和优良作风，带领全市广大党员，实现党风根本好转，胜利完成市第六次代表大会提出的各项任务的需要。决议指出："党风问题是关系执政党生死存亡的问题"，"实现党风的根本好转，关键在于各级党员领导干部坚持党的四项基本原则，处处起表率作用"。

决议要求（摘要）：

一、坚定树立共产主义的远大理想和信念。要确立共产主义的世界观和人生观，胸怀全局，立足本职，脚踏实地，忘我工作，建设四化。

二、牢记党的全心全意为人民服务的根本宗旨。要掌权为公，两袖清风，秉公办事，任人唯贤，清正廉明，自觉地过好用权关、金钱关、人情关、用人关、廉洁关。

三、坚持实事求是的思想作风。要深入实际，调查研究，切忌弄虚作假，不做表面文章。

四、切实维护党的团结和统一。要自觉坚持民主集中制原则，顾全大局，搞好团结，和衷共济，开创工作新局面。

五、模范地遵守党的政治纪律和组织纪律。在思想上、政治上同党中央保持高度的一致。

六、坚持同各种歪风邪气和不良倾向作斗争。要坚持共产党员应有的革命原则和斗争精神，对不正之风敢抓敢管，敢于碰硬。

七、刻苦学习马列主义的基本理论。努力掌握马克思主义的基本理论，加强工作中的原则性、系统性、预见性和创造性。在新的形势下，保持清醒的政治头脑。

八、自觉地接受党内外群众的批评和监督。经常开展批评与自我批评，以普通党员的身份，密切联系群众，虚心听取群众的意见。

会议结束时，白芸生代表当选的常委委员讲了话。他希望全体委员同志在党中央的路线、方针、政策指引下，在省委的直接领导下，和衷共济、团结奋斗，坚持四项基本原则，坚持改革开放，搞好两个文明建设。并希望全体委员除在全委会上共商大事之外，在日常工作中，也要从各方面给予常委们支持帮助，并监督言行。常委们一定不会辜负全委会的重托，将努力做好工作。

委员会第二次全体（扩大）会议

全委会第二次全体（扩大）会议于 1986 年 9 月 10 日至 14 日在市委机关举行。出席会议的市委委员和候补委员共 30 人。列席会议的有在秦的省顾委委员戴明予、武学文同志；市人大党员正副主任、市政府党员副市长、市政协党员正副主席；市纪委常委和军分区负责同志；各县委、区委书记，县长、区长、市委各部门党员负责同志，市直各部门、各人民团体党委（党组）书记以及离休的原市委领导常立木、崔西山、王维奇、赵衡等，共计 148 人。

这次全委会主要有两项议程：一是审议通过《秦皇岛市 2000 年经济技术社会发展战略》；二是传达贯彻省委在承德举办的地、市、县委书记读书会会议精神，学好两本书，创造性地开展工作[①]。

在这次会议上，市宏观经济调研小组副组长、市政协党组副书记赵铭同志作了关于《秦皇岛市 2000 年经济技术社会发展战略》（初定稿）的说明（以下简称为《发展战略》）。市委副书记、市长顾二熊同志作了关于《坚持改革，把我市的经济建设和社会发展纳入〈发展战略〉的轨道》

① “两本书”是指河北省委编印的《正确处理党内矛盾》和《学会创造性地开展工作》。

的报告。白芸生作了关于《努力学会“两大本事”，加快我市各项事业发展的步伐》的讲话。

这次全委会议是秦皇岛市历史进程中的一次极为重要的会议，标志着秦皇岛市的经济建设和社会发展进入一个自觉的发展时期。

《发展战略》的研制，是从1985年4月到1986年8月，用了一年零五个月的时间，经过反复调查研讨，三易其稿，形成了提交全委会议审定的“初定稿”。它是全局性、长远性、规律性的总体谋划。勾画了秦皇岛未来发展的轮廓和蓝图，明确了经济技术和社会发展的方向，确立了一系列的长远性工作指导方针。“初定稿”是各级领导和各方人士以及广大群众集体智慧的结晶。

学好两本书的目的在于提高广大干部的马克思主义理论水平，学会正确处理党内矛盾和从实际情况出发，贯彻党的路线、方针、政策，创造性地开展工作。

这两件大事情是相互联系，互为因果的。通过研究市情，谋划发展战略，正是从实际情况出发，创造性地开展工作。正确处理好党内矛盾，促进党内团结统一，又有助于实现战略目标。

在讨论中，委员同志一致认为，这次全委会议题集中，特点鲜明，意义重大。市委委员陈力生、张力和列席会议的李守刚说：这次全会议题非常集中，有三个特点：一是材料准备充分。《发展战略》（初定稿）经过一年多的时间反复调查研讨，三易其稿，越修改越科学，越切合市情；二是时机选择得好。这次全会是在重新认识秦皇岛基础之上和省委举办地、市、县委书记读书会之后召开的，为开好这次全会奠定了思想基础；三是议题结合得好。搞好《发展战略》和学好两本书都是具有战略意义的重大问题，而两者之间又是相互启承、互为因果的，必将对我市的经济建设和社会发展起重大作用。

列席会议的市委原几位老书记们认为战略可行，符合市情。原市委书记、省顾委委员戴明予同志说：在市委的领导下，经过一年多的时间，通过大量的调查研究形成的这个《发展战略》，符合秦皇岛的实际情况。原市委书记常立木同志说，下这么大力量，找来这么多专家和有经验的人研究《发展战略》，在秦皇岛的历史上还是第一次。《发展战略》的制定，对于今后正确地决策，防止失误，少走弯路，将起到重大作用。

列席会议的市直部门同志们认为《发展战略》是科学的谋划、集体的智慧。陈伯基同志说：《发展战略》是科学的谋划，是广大干部和群众集体的智慧。一个城市要得到迅速发展，必须制订一个切合实际可行的远景发展蓝图，以便有所遵循。有了这样一个发展战略，再加上已制订的《城市建设总体规划》和将要制订的“环境保护规划”，秦皇岛市经济技术和社会发展就有了明确的方向。相录同志认为，有了《发展战略》可以达到六个“有利于”：一是有利于经济持续、稳定、协调发展，克服盲目随意性；二是有利于工业生产良性循环，避免“大起大落”；三是有利于产业结构、产品结构趋向合理，防止畸形发展；四是有利于提高经济效益，扭转“投入多，产出少”的状况；五是有利于提高工业生产的技术水平和装备水平，改变产品几十年“一贯制”；六是有利于科学决策，破除“拍脑门”“想当然”的决策方法。

列席会议的人大、政协的同志认为《发展战略》研究过程集思广益，体现了决策民主化，是决策民主化的一例典范。

市委委员和与会同志还提出了不少修改意见，使《发展战略》更加完善。

全会经过审议，两项议题一致通过，并作出关于《秦皇岛市2000年经济技术社会发展战略》的决议和关于《学会“两大本事”，加快我市各项事业发展的步伐》的决议。

《发展战略》决议首先说明：“中国共产党秦皇岛市六届委员会第二次全体（扩大）会议，经过认真讨论，基本同意《秦皇岛市2000年经济技术社会发展战略》（初定稿）。”

《决议》指出：

“会议认为，制定《秦皇岛市2000年经济技术社会发展战略》，是客观形势发展的需要，是我市经济建设和社会发展必不可少的大事。《发展战略》是在中央、国务院方针政策的指引下，省委、省政府和有关部门的直接领导和帮助下，通过全市各级干部和有关人士以及广大群众，用一年零五个月的时间深入调查、反复论证产生的。它是我们站在全省、全国的‘大棋盘’上，从全局出发，面向现代化、面向世界、面向未来，重新认识秦皇岛的结果。《发展战略》在全面、透彻地分析市情、市力的基础上，勾画出了我市未来发展的轮廓和蓝图。它所确定的战略思想、战略目标、战略重点和战略对策，符合党和国家的基本要求，突出了秦皇岛的特点，为我市到2000年经济技术社会发展指明了方向。”

“中央领导同志在今年暑期视察我市时，对我们进行的宏观经济《发展战略》研究工作和‘走自己的路，打基础、求发展’的指导思想给予了肯定。”

会议建议：“市政府依照法律程序，尽快将《秦皇岛市2000年经济技术社会发展战略》（初定稿）提请秦皇岛市人民代表大会常务委员会讨论通过，颁布实施，并在实施过程中不断补充修订。”

会议号召：“全市各级领导要自觉地按照《秦皇岛市2000年经济技术社会发展战略》的总体谋划，尽快把我市经济建设和社会发展全面纳入战略的轨道，从现在起先用一年左右的时间，制订行业实施规划，集中精力办好这件事情。要以甘当‘铺路石’的精神，不求名、不图利，带领全市广大党员、干部和人民群众，创新务实，团结奋进，为全面实施《秦皇岛市2000年经济技术社会发展战略》而努力奋斗！”

《学会“两大本事”》决议指出（摘要）：“各级干部要学会创造性地贯彻中央政策和正确处理党内矛盾两大本事，对于提高各级干部素质，增强党内团结，加快改革开放步伐，全面推进社会主义物质文明和精神文明建设，有着重大的现实意义和深远的历史意义。”

会议要求各级干部努力做到：

一、认真学好两本书，深刻领会精神实质，不断提高领导水平。

二、学懂中央政策，把握前进方向。在改革、搞活的新形势下，大量的新情况、新问题难以找到现成的解决办法，需要我们按照中央的大政方针，去研究、探索。

三、深入调查研究，弄清总体情况。要深入实际，调查研究，对本地区、本部门、本系统的情况有个本质的了解和定性的分析。这样才能作出符合实际的决策，避免盲目照搬。各级领导干部要有强烈的事业心和高度的责任感，真正钻进去，从实际出发，探索出改革的正确途径，找到带领群众共同致富的“金钥匙”，制定积极可靠的奋斗目标，抓住重点，长短结合，有计划、分步骤地付诸实施。

四、勇于探索，坚定不移地搞好改革。搞好以宏观调节控制为中心的配套改革，突破条块分割，实行全方位的联合，进一步增强企业活力；利用“破产法”变压力为动力，扭转部分企业亏损局面；促进政府职能的转变；解决干部终身制，是涉及全局性的改革，要按照中央的部署去搞；微观上的大量改革，要靠我们大胆探索，气魄要再大一些，方法要再活一些。

五、摆正当前和长远的关系，为经济振兴打好基础。就经济工作而言，看工作成效，除了看当年计划和近期目标实现的程度和改革工作搞得如何外，还要看为增添后劲基础打得如何，做到立足长远，狠抓当前，保证工作的连续性，自觉地把经济建设和社会发展纳入战略轨道，从打基础入手，扎扎实实付诸实施。一定要不图名，不图利，埋头苦干，甘当“奠基石”，搞好“接力赛”。

六、正确处理党内矛盾，为四化建设创造宽松、协调、和谐的环境。要做到以下几点：一要正视矛盾。承认矛盾才能去解决矛盾。二要学会决策民主化。凡是涉及全局的重大问题，都要深入调查研究，广泛听取各方面的意见，由集体研究决定，不能个人说了算。三要善于沟通情况，调整关系。对工作上、认识上的不同意见，要多做疏导工作，采取交换意见、民主协商、个别谈话、相互体谅等方法加以解决。四是说话办事要公道。对勇于改革、探索的同志，要加以保护，对改革中出现的一些问题，领导要主动承担责任。对一些人钻改革的空子，大搞经济犯罪等对抗性的矛盾，要坚持原则，理直气壮地秉公处理。

市委相信，只要全市各级干部发扬拼搏精神，理论联系实际，边实践，边学习，边总结，就一定能够把“两大本事”真正学到手，带领全市人民“创新务实，团结奋进”，加快我市各项事业的发展步伐！

委员会第三次全体（扩大）会议

委员会第三次全体（扩大）会议于1987年2月9日至11日在市群艺馆举行。出席会议的市委委员、候补委员共34人。列席会议的有市纪委委员；市人大、政府、政协的党组负责同志；县委、区委书记，县长、区长；市委各部门负责同志和市直部门党组（党委）书记；各大厂矿党委书记、各工业公司党委书记；市直企事业单位党委书记等，共300余人。

会议议题：

一、审议通过中共秦皇岛市委、秦皇岛市人民政府《关于“七五”期间加强社会主义精神文明建设的措施》；

二、审议通过中共秦皇岛市委《一九八七年工作指导纲要》；

三、审议通过中共秦皇岛市委《关于共产党员必须严格遵守〈党章〉的决议》；

四、审议通过中共秦皇岛市委《关于艰苦奋斗，勤俭办一切事业的决议》。

会议首先由白芸生同志介绍了这次全会的内容、开法和要求。接着市委副书记朱桂英同志传达了中央〔1987〕4号文件，然后市委副书记、市长顾二熊同志传达了国务院负责同志在全国省长（主席）会议结束时的讲话。会上分发了四项议题的讨论稿，然后进行了分组讨论。在两天半的审议讨论中，与会同志畅所欲言，各抒已见，对提交审议的四个文件讨论稿给予了肯定，并提出了很好的修改补充意见。出席会议的委员和候补委员同志一致认为，《一九八七年市委工作指导纲要》和《关于“七五”期间加强社会主义精神文明建设的措施》，符合中央和省委指示精神，符合秦皇岛市的实际情况，基本可行，原则上同意。全会责成市委常委们根据大家提出的修改补充意见，加以修改定稿，尽快公布，不再重新表决。《关于共产党员必须严格遵守〈党章〉》和《关于艰苦奋斗，勤俭办一切事业》的两个决议，在2月11日大会上以举手表决的方式一致通过。

这次全委会是一次重要会议，审议通过的四个文件，把坚持四项基本原则、反对资产阶级自由化放在了突出地位，是一次坚持四项基本原则，反对资产阶级自由化的再教育。其目的是在资产阶级自由化泛滥之际，广大党员能够保持清醒的头脑，立场坚定、旗帜鲜明地捍卫四项基本原则。《关于“七五”期间加强社会主义精神文明建设的措施》中明确指出：“我市的社会主义精神文明建设指导思想：以坚持四项基本原则，反对资产阶级自由化作为重点……”《一九八七年市委工作指导纲要》一开始就明确指出：“要坚持四项基本原则，旗帜鲜明地反对资产阶级自由化。反对资产阶级自由化的斗争，关系到党和国家的命运，关系到社会主义的前途，关系到全面改革和对外开放的成败。”“容忍资产阶级自由化的思想泛滥，就会搞乱人们的思想，损害改革开放，使社会主义现代化建设偏离正确的轨道。”在《关于共产党员必须严格遵守〈党章〉的决议》中，首先对秦皇岛市党员队伍状况进行了分析，指出：秦市各级党组织和广大党员从总的方面看，在两个文明建设中，能够遵守《党章》，自觉地履行党员的义务，坚持四项基本原则，维护和发展安定团结的政治局面，这一总的评价必须充分肯定。但是也应看到，当前少数人煽动的资产阶级自由化思潮在秦皇岛市一些党员中确有影响，在少数地方和部门有所泛滥。尽管鼓吹资产阶级自由化的人只是极少数，但这种思潮的煽动性、破坏性甚大，干扰两个文明建设的顺利进行，损坏安定团结的政治局面。为使各级党组织和每个共产党员都能够严格遵守《党章》，真诚地履行党员的义务，坚决同违背四项基本原则、搞资产阶级自由化的行为作斗争，《决议》要求：

一、共产党员必须自觉地遵守《党章》，严格执行党的政治纪律。遵守《党章》、遵守党的政治纪律、组织纪律是对每个共产党员起码的要求。维护党规党法，维护党的团结统一，珍惜和发展安定团结的政治局面，是每个共产党员的神圣责任。党的各级组织和每个共产党员不论在什么情况下，都必须在思想上、政治上同党中央保持高度一致，坚定不移地贯彻执行党中央制定的路线、方针、政策和决议，维护党的团结统一。党员个人要服从党的组织，少数服从多数，下级组织服从上级组织，全党各个组织和全体党员服从党的全国代表大会和中央委员会。对于党的代表大会和党中央已经作出决定的重大方针和政策，如有不同意见，在坚决执行的前提下，可以经过一定的组织程序提出，但绝不允许各行其是，公开发表与党的路线、方针、政策相反的言论，更不允许采取同中央决定、决议相违背的行动。否则不管是谁，如果违反党的政治纪律、组织纪律，就要按照《党章》进行严肃处理。

二、坚持四项基本原则，坚持改革开放，旗帜鲜明地反对资产阶级自由化。坚持四项基本原则是我们立国立党之本，是全党团结统一的政治基础，是我们事业胜利的根本保证。它关系到我们党的命运，关系到社会主义事业前途，关系到全面改革和对外开放的成败。坚持党的四项基本原则，我们就能够胜利前进，违背四项基本原则，就会失去前进方向，使革命事业遭受重大挫折。资产阶级自由化就是要把我们引导到资本主义道路上去。因此，坚持四项基本原则，在任何情况下都不能动摇。各级党组织和广大共产党员要旗帜鲜明、坚强有力地同违反党的政治纪律、违背四项基本原则、宣扬资产阶级自由化的言行作坚决斗争。能不能做到这一点，是对各级党组织和每个共产党员的一次严峻考验。对于受资产阶级自由化影响，在这场斗争中态度暧昧的同志要批评教育，使其提高认识。对于极少数不听从党组织一再警告，肆意妄为，煽动资产阶级自由化的人，要坚决清除出党，以保持党的纯洁性。绝不允许对鼓吹资产阶级自由化的人采取宽容态度。

三、进行《党章》的再学习，提高遵守党的政治纪律的自觉性。在改革开放的新时期，各级党的组织要经常组织全体党员认真学习《党章》，向党员重申党的政治纪律，坚决反对组织上的自由主义和阳奉阴违的不良作风。要通过召开党的组织生活会，开展批评与自我批评，认真检查遵守党的政治纪律的情况，发现问题及时解决。每个共产党员特别是领导干部，都要以《党章》作为自己言论和行动的准绳，做坚持四项基本原则、坚持改革开放、维护安定团结、旗帜鲜明地反对资产阶级自由化的模范；做自觉维护党纲、《党章》，严格遵守党的政治纪律的模范。

四、认真学习贯彻好中央有关文件，提高思想认识，把全体党员的思想认识统一到中央文件精神上来。同时要进一步树立共产主义的远大理想，增强马克思主义、共产主义的信念以及建设社会主义的自信心和自豪感，使广大党员在反对资产阶级自由化思潮的斗争中，提高鉴别能力，自觉地维护四项基本原则。立志建设，立志改革，立志艰苦奋斗、勤俭建国，坚韧不拔，压倒一切困难，为建设党的事业和实现十二大提出的战斗任务而努力奋斗。

在市委《关于艰苦奋斗，勤俭办一切事业的决议》中，明确指出：

艰苦奋斗是我们党和我国人民在长期的革命和建设中形成的优良传统和作风，是我国建国的根本精神，代表着我们的政治方向。在改革开放中，必须继续坚持艰苦奋斗的精神。近几年来，我们对于这一根本精神坚持得不好，在各个方面不同程度地存在着忽视勤俭办事业的铺张浪费现象，主要表现在固定资产投资规模过大，不切实际地追求高指标，不顾财力有限，急于搞大型的堂馆项目，影响重点建设和亟待解决的生活服务设施建设；脱离现阶段生活水平，一味追求高消费的欲望越来越浓；讲排场，比豪华，公费旅游，请客送礼，招待高标准等在一些单位仍然存在；婚事大办，丧事大办，“高聘礼”“大收礼”等污染社会的风气没有刹住。如此等等，如不加以纠正，不仅有损党的艰苦奋斗的优良传统，腐蚀人们的意志，而且会造成经济生活中潜伏性的不稳定因素，影响经济建设的稳定发展。

我们是发展中国家，人口多，底子薄，工作条件、生活条件虽然有所改善，但还不能同发达国家相比。要把我国建设成中等发达的国家，还需要几十年的艰苦努力。因此，艰苦奋斗、勤俭办一切事业的精神不能丢。为了继续发扬艰苦奋斗、勤俭办一切事业的精神，《决议》要求：

一、压缩经济建设过热空气，深入改革，创造一个稳定发展经济的良好环境。我们一定要坚持“创新路，打基础，求发展”的指导思想，“七五”期间经济工作重点放在打基础上。要按照国务院的部署，当前特别要注意压缩经济建设过热的空气，把过于膨胀的预算外投资规模压下来。基本建设要坚决实行“三保三压”的方针，今年我市基建项目，一定要根据国家计划和全市实际情况来安排，非生产性建设项目，要坚持“好事要办，但要量力而行”的原则，勤俭办事业。城市建设的资金使用要坚持重点搞好“雪中送炭”、适当“锦上添花”的方针，不要什么好事都想办，都想一下办成，都想搞高标准。目前能够做到的事情，要扎扎实实地做好；生活改善的程度和速度，必须同经济发展水平相适应；坚持在生产发展的基础上使人民的生活逐年有所改善；要把脱离现实生活水平、一味追求高消费的欲望扭转过来。

二、大力开展群众性增产节约、增收节支的运动。开展增产节约、增收节支运动，是深化企业改革、进一步增强企业活力的重要措施，是推进企业改进经营管理、发展社会生产力的强大动力。今年全市各企业要广泛开展增产节约、增收节支的群众性运动。围绕抓销售、促增产，抓管理、上品种、上质量、降消耗，全面提高经济效益，把群众性的增产节约活动搞好，抓出成效。克服和纠正当前企业中带有共性的品种少、质量差、消耗高、浪费大的现象。不能指望用产品涨价的做法增加企业利润。要坚定不移地通过加强管理、增收节支，提高自我消化能力，把蕴藏在企业中的经济潜力挖掘出来，使企业在提高经济效益、加强经营管理上创水平、上等级。要坚决纠正企业对外交往中铺张浪费的奢侈之风，保证今年全市财政收入有较大增长。

三、实行民主化、科学化决策，防止决策失误。在经济建设上，决策失误往往造成巨大的经济损失和浪费。因此，对新建项目、技术改造项目以及产品结构的调整等，都要进行科学的论证，广泛听取各方面的意见，进行深入细致的可行性研究，在此基础上进行民主化、科学化决策。对正在建设的项目要认真进行总结，如有失误，要及时采取措施。基建工程要确保质量和施工工期。加快工程进度，杜绝“胡子工程”①，保证按期竣工见效。基建项目设计要周密，防止顾此失彼，杜绝建了拆、拆了建，造

① “胡子工程”指开工后久久不能完工的建筑工程。

成重大人力、物力、财力浪费的现象。

四、支持勤俭办事业，反对铺张浪费。要坚决反对铺张浪费的“败家子”作风，各级领导要带头艰苦奋斗、勤俭节约；要教育广大党员、干部和职工，不计较工作条件，不比生活待遇，在艰苦的条件下，为祖国、为人民多作贡献。各单位要结合实际制定具体措施，严禁铺张浪费，讲排场、摆阔气，大手大脚乱开“口子”乱支出；建设堂馆要严加控制；今后一律不准以联查、剪彩、产品鉴定、开工典礼等为由大吃大喝；各部门、各单位之间，不准用公款招待吃喝、赠送礼品；要严格控制召开各种表彰会，并严禁借机发钱、发物；住房要严格执行有关规定，不准擅自提高标准；不得以任何名义滥发补贴、实物；要严加控制集团购买力，节约开支。

五、移风易俗，形成艰苦朴素、勤俭持家的良好社会风尚。勤劳、俭朴是中国人民的传统美德。目前，在我们国家还不富裕、生活水平还不高的情况下，要大力提倡艰苦朴素、勤俭持家的精神，反对婚、丧、嫁、娶中的铺张浪费。要教育广大群众，特别是青少年继承和发扬艰苦朴素的传统美德，树立以奢为耻、以俭为荣的观念，不能讲吃、讲穿、讲排场，要比学习、比工作、比贡献。要提倡婚事新办、丧事简办，狠刹污染社会风气的“人情风”“高定金”“高聘礼”“大收礼”等歪风。广大党员要带头抵制，教育群众自觉地抛弃这种陋习，积极引导人民群众参加储蓄，支援四化建设，增加生产投入、扩大再生产。各乡村要办好红白喜事理事会，移风易俗，勤俭节约，促进社会风气的好转。

按照上述要求，要从二月份开始在全市范围内广泛深入地进行“艰苦奋斗，勤俭办一切事业”的宣传教育，同时发动群众查摆铺张浪费的现象，找差距、订措施，总结经验教训，使艰苦奋斗的精神在全市发扬光大。

全会结束时，白芸生在讲话中再次强调：坚持四项基本原则，反对资产阶级自由化，首先是县以上的党委要认真学习中央四号文件，学习十一届三中全会以来党中央特别是邓小平同志关于坚持四项基本原则、反对资产阶级自由化的一系列重要论述。对于这件大事情要有长远打算，作为今后工作中的一项长期任务。并就这场斗争的性质、范围、重点和政策界限进行了阐述。

全会期间，《秦皇岛日报》、秦皇岛广播电台、秦皇岛电视台都大张旗鼓地进行了宣传报道。《秦皇岛日报》以“坚持四项基本原则，搞好两个文明建设”为题，连续进行了四次报道，并全文刊登了全会产生的四个文件。

全委会第四、五、六次全体（扩大）会议

这三次全委（扩大）会议均因临时事项举行。

全委会第四次全体（扩大）会议于1987年2月18日在市委会议室召开，会期一天。参加会议的有市委委员、候补委员，本市的省顾委委员，市人大党员正副主任，市政府党员副市长，市政协党员正副主席，市纪律检查委员会常委，各县区委书记，市委各部门主要负责人，市直各部门党委（党组）书记或党员负责同志，各人民团体党组书记，大型企业、大专院校党委书记等，共142名。

议题：推选我市出席中国共产党第十三次全国代表大会代表预备候选人。按照省委指示，出席这次全委（扩大）会议的142名同志均有推选权。

会议开始后，先由市委组织部部长王瑞东同志传达了省委召开的地、市委组织部门会议精神和省里有关同志的讲话。省委组织部副部长陈志平同志在讲话中指出：中国共产党第十三次全国代表大会，将是我党历史上一次具有重要意义的会议。认真做好十三大代表选举工作，对开好代表大会十分重要。

在谈到代表条件时，陈志平同志说：“十三大代表应是坚决贯彻执行党的十一届三中全会以来的路线、方针、政策；坚持四项基本原则；坚持改革、开放、搞活；在社会主义现代化建设和各项改革中作出成绩、能密切联系群众的同志。同时，代表要有议事能力，主要应从第一线工作的同志中推荐。注意一般不与全国人大代表、全国政协委员交叉。”

对推荐的代表候选人要认真考察，尤其是对“文化大革命”中各个阶

段的表现，一定要审查清楚。省委副书记吕传赞、省委组织部部长曲维镇同志在讲话中也反复强调要做到“三个一定”：一定要充分发扬民主，认真坚持党的民主集中制的原则，少数服从多数，尊重党员的民主权利，不能少数人说了算；一定要按照中央规定的条件酝酿提名；一定要把这件大事认真负责地抓好。

遵照省委组织部长会议精神，全会经过上下反复酝酿讨论，最后以无记名投票方式推选白芸生、孙树桓（“五一劳动奖章”获得者）同志为我市出席十三大代表预备候选人。

全委会第五次全体（扩大）会议于1987年5月12日在市委会议室召开。参加会议的有市委委员、候补委员，市人大党员正副主任，市政府党员副市长，市政协党员正副主席，市纪委常委，本市的省顾委委员，共59人。

议题：推选本市出席河北省党代表会议的代表预备候选人。

市委书记白芸生主持会议，并说明推选事项：省委决定六月中旬召开省党代表会议，在这次会议上选举河北省出席中国共产党第十三次全国代表大会代表。省委分配给秦皇岛市出席省党代表会议的代表名额为14名，省委委员、省顾委委员、省纪委委员和各县委书记为指定代表，指定代表秦皇岛市共9名，另外还有5个名额应从各条战线的党员中推选。这5名候选人预备名单，在这次全会上推选。报省委审批后，在下次全委会全体（扩大）会议上选举。

代表条件和出席“十三大”候选人一样。

市委书记白芸生说明有关事项后，到会同志经过充分酝酿，最后一致推选出下列5位同志作为出席省党代会预备候选人：

付书元（秦皇岛市第一人民医院院长）

李德芳（女）（耀华玻璃厂副厂长、总工程师）

宋　文（秦皇岛市供销社生产资料公司副经理）

杨　斌（山海关区一关乡大街村党支部书记）

杨宝成（秦皇岛港务局第四装卸公司工人）

全委会第六次全体（扩大）会议于1987年5月29日在市委会议室召开。

参加会议的有市委委员、候补委员，市纪律检查委员会委员，市人大党员正副主任，市政府党员副市长，市政协党员正副主席，各县区委书记和人大党员主任，市委各部门负责人，市直部门党委（党组）书记或党员主要负责人，各人民团体党组书记，大型企业、大专院校党委书记以及部分离休的老党员，共112人。

议题：主要是按上次全委会议选举出的秦皇岛市出席河北省党代会全会的人员名单，经过充分讨论，选举出付书元、李德芳（女）、宋文、杨宝成、杨斌五位同志为秦皇岛市出席河北省党代表会议的代表。

全委会第七次全体（扩大）会议

全委会第七次全体（扩大）会议于1987年7月3日至5日在市群艺馆举行。出席会议的有市委委员、候补委员。列席会议的有市纪委常委，各县区委书记，港务局、耀华厂、山海关桥梁厂、山海关船厂党委书记和党员局长、厂长，各工业公司党委书记和党员经理，市直各中型厂矿和事业单位党委（党组）书记，省外贸驻秦单位党员负责同志，市委部门负责人，市直部门党委（党组）书记和党员负责同志，市人大、市政府、市政协党员负责同志，本市的省顾委委员戴明予、武学文同志和已经离休的市委原负责同志崔西山、常立木、王维奇、赵衡等，共计200余人。

会议议题：传达贯彻省党代会会议精神，审议通过市委的工作报告。在会上，市委副书记顾二熊、市委常委石春贵同志分别传达了省委书记邢崇智和省委副书记解峰同志在中共河北省代表会议上的讲话。市委书记白芸生代表市委常委作了《大力推进改革，全面加快全市对外开放和经济建设的步伐》的报告。

这次会议是在总结三年来改革开放工作的基础上，初步具备了加快发展步伐条件的情况下召开的，是一次加油鼓劲的会议，也是贯彻省党代会会议精神的会议。

在召开这次全委扩大会议之前，白芸生和顾二熊同志主动要求向省委作一次三年来秦皇岛市改革开放工作的汇报。省委于1987年6月19日召开了省委常委扩大会议，听取了秦皇岛市的工作汇报。汇报后省里与会的领导同志一致认为，秦皇岛市对外开放三年多来做了大量的工作，取得了较大的成绩。明确了发展方向，集中抓了基础建设，推进了改革，促进了开放；精神文明建设得到了加强，为加快秦皇岛市对外开放和经济建设的步伐奠定了基础。工作搞得扎实，各方面发生了很大变化。希望在此基础上，动员全市干部和人民群众进一步加快发展步伐。

遵照省委的指示精神，市委常委同志们进一步分析研究了加快发展步伐的可能性，在进一步分析研究的基础上，召开了这次全委（扩大）会议。因此，这项内容就成为本次全委（扩大）会议的主要议题。

市委在报告中明确指出：从唯物主义的观点出发，一种事物的发生与发展，必须具备一定的条件。所说的初步具备了加快发展步伐的条件主要是如下几个方面。

一、谋划了发展战略，明确了方向

在全委会第二次全体会议上已做了详细论述，不再重复。

二、搞了基础建设，积蓄了后劲

（一）港口泊位增加，吞吐量扩大。港务局全体职工经过三年的艰苦奋战，完成港口建设投资5亿元，全港泊位已达到22个，通过能力已达6055万吨。

（二）城市基础设施建设大为改观。新修市内道路80多公里，立交桥19座，污水管道57公里，引水管道100多公里，新建污水处理厂2座；新建生活小区4个，住宅面积156.3万平方米；集中改造旧城小区6个（即将完工）；万门程控电话和电视台已投入使用。如此等等，使得城市面貌大为改观，投资环境得到了改善。

（三）旅游、服务设施建设已基本适应发展要求。新开辟了黄金海岸、南戴河、碣石山、悬阳洞、老龙头等9个旅游点，“北移西延”的旅游格局已经形成。各疗养院所、宾馆、旅店已有1500多家，床位6万余张，出租汽车520余辆，基本满足当前旅游业发展的需要。

（四）开发区基础建设已经完成。0.62 平方公里的起步区已实现了“六通一平”[①]，完成投资近 7000 万元，并已开始上项目，到年底将有 7 家企业投产。

（五）企业技术改造有了明显的进展。已完成技术改造项目 185 个，总投资 1.8 亿元，市属企业已全部改造了一遍。引进先进技术设备 38 项，用汇 2328 万美元。开发新产品 474 项，推动了企业的技术进步和新产品开发，增加了企业后劲。

（六）培养和引进各类人才。为提高干部素质，各级轮训干部 17000 多名，有 2600 多名干部考入大专、中专学校，职业教育在培人数达 12300 多名；参加“五大”成人自学的 14000 多名，已首批毕业 170 余名；引进各类人才 1763 名，与 7 所大专院校达成了代培大学生的协议。

（七）产业结构初步得到调整。农村产业结构正由单一型向综合型转变。工业产业结构由单一支柱产业正在形成多种支柱产业的群落。

三、狠抓改革，促进了开放

（一）市、县、区工业企业均推行了厂长负责制，其中，有 26 个企业试行了厂长任期目标责任制。

（二）市属工业企业 65 个，已有 62 个实行了经营承包责任制。商业系统 255 个小型企业，已有 128 个实行了集体经营，57 个实行了转制经营，60 个实行了租赁或股份经营。

（三）积极发展了横向经济联合，累计实现协作项目 574 项，总投资 6.3 亿元，协进资金近 4 亿元，现已投产开业的有 489 项。

（四）大力促进了对外开放。全市已签订合作、合资企业合同 33 个，总投资 1.9 亿美元，已领取营业执照的 19 家，注册资本 5761.5 万美元。

（五）乡镇企业蓬勃发展，已成为农村经济的重要支柱。目前，全市乡镇企业已发展到 43000 个，年总收入 5.9 亿元。

（六）农村社会化服务体系已基本健全。全市 95% 的乡镇、70% 以上的村已建立各种不同形式的服务性组织 16000 多个。

---

① 开发区“六通一平”是指通水、通电、通气、通信、通暖和修通道路，平好场地。

（七）科学技术进一步普及，全市农村已建立各种技术服务组织 5200 多个，培训各类人员 50 多万人次。

四、精神文明建设得到了加强

精神文明建设已形成了以下新格局：一是建设内容系统化。如开展了建设文明单位，争做文明市民活动；开展窗口优质服务竞赛，争做让顾客满意的人；开展职业道德活动，争做高尚的秦皇岛人；开展“小虎子”队活动，为群众办好事等，形式多样，效果明显。二是指导工作典型化。运用典型引路，配套宣传。已总结推广了各种不同类型先进典型，使精神文明建设赶有目标、学有榜样。三是组织工作网络化。建设市委总抓、五家牵头[①]，分口分级负责、条块相结合的工作网络体系。四是文明建设制度化。市委先后制定了十项有关精神文明建设的措施条例、决议和规范等。

上述都为秦皇岛市的发展奠定了基础，创造了条件。应当不失时机地稳中求快，加快前进的步伐。

如何加快发展步伐？

市委报告中首先谈了步伐具体指什么，加快发展什么？报告指出：在这个问题上，长期以来在人们头脑中形成了一种模式化、概念化的东西。不从实际情况出发，一概而论地单纯以工业增速一种模式衡量一个地区、一个城市的发展快慢，往往忽视了一个地区、一个城市的特色。我们所说的加快发展步伐是从秦皇岛市实际情况出发，全面加快对外开放和经济建设的步伐。不但要加快工业的发展，也要加快农业和第三产业的发展；不但要加快开发区引进项目步伐，也要加快开发区外的项目引进；不但要使工农业总产值稳中求快，而且要注重效益，使国民总产值有较大的增长；不但要加快城乡建设和社会发展，而且要使人民生活水平不断改善。

然后报告从推进改革开放、港口发展、开发区引进上项、发展横向经济联合、发展第三产业、发展农村商品经济、进一步调整产业结构以及新上骨干企业七个方面阐述了加快发展步伐的做法。

---

① 精神文明建设中“五家牵头”是指宣传口的市委宣传部；政法口的市委政法委；市政建设和管理口的城管委（代主管副市长主抓）；教育口的教委和精神文明办。

会议经过审议，通过了白芸生代表市委所作的工作报告。

全委会第八次全体（扩大）会议

全委会第八次全体（扩大）会议于 1988 年 1 月 11 日至 13 日在市公安礼堂举行。出席会议的市委委员、候补委员共 32 人。

列席会议的有市纪委委员；市人大、市政府、市政协的党员负责同志；市委各部门负责同志；市直部门党委（党组）书记、纪委书记；各大型企业和各工业总公司党委书记、纪委书记；各大、中专院校和重点中学党委书记，共计 190 人。

这次会议的主要议题是：

一、审议通过市委关于《深入学习贯彻党的十三大精神，加快我市改革开放和经济发展的步伐》的报告；

二、审议通过《市委工作职责》；

三、审议通过《市委议事规则》；

四、审议通过市政府《关于秦皇岛市 1988 年—1990 年发展战略实施意见》（以下简称《发展战略实施意见》）。

会议期间，白芸生代表市委作了报告，并对《市委工作职责》和《市委议事规则》作了说明。市委常委、常务副市长石春贵同志作了实施发展意见的报告。

这次全会是在中国共产党第十三次全国代表大会闭幕不久，市委常委经过一段时间的十三大文件学习，初步研究贯彻落实意见之后举行的。会议紧紧围绕学习贯彻党的十三大会议精神进行，四个文件均贯穿了这一主题。这是一次进一步深入学习党的十三大文件的会议，也是贯彻落实党的十三大精神的会议。

市委报告首先简要回顾了上一年市委的工作。报告指出：在过去的一年里，市委坚持了“一个中心、两个基本点”，广泛开展了坚持四项基本原则的正面教育，加强了党的自身建设，切实抓好全社会的精神文明建设，加强了对地方性重大问题的宏观决策，使安定团结的政治局面得到了巩固和发展；改革开放的大气候在全市已初步形成；各项工作迈出了新的步伐。经济持续发展，效益明显提高。1987年，工业总产值比上年增长22.1%，农业总产值增长9.8%，港口吞吐量增长10.4%，市政建设完成投资4200万元，财政收入增长13%，外贸出口增长13.64%，乡镇企业总收入增长39.4%，乡镇工业总产值增长31.4%。城乡人民生活进一步得到改善，科技、教育、文化、卫生、体育等事业有了新的发展。

报告紧接着讲了1988年的任务。主要任务是：深入学习贯彻党的十三大精神，坚持社会主义初级阶段的基本路线，深化经济体制改革，积极稳妥地推进政治体制改革，全面加强党的自身建设，组织动员全市人民进一步解放思想，实事求是，团结一致，艰苦奋斗，沿着《发展战略》轨道。加快对外开放和经济建设的步伐。

根据上述任务，报告从深入学习十三大文件，切实抓好社会主义初级阶段基本路线教育；全面实施《发展战略》，保证经济持续稳定增长；增强改革意识，加快改革步伐；从严治党，加强党的经常性建设；进一步做好新时期思想政治工作，大力加强精神文明建设；加强社会治安的综合治理，努力做好暑期服务工作；充分发挥人大、政府、政协和各群团组织、各民主党派的作用，指导全市协调一致地开展工作七个方面安排了今后的工作。

《市委工作职责》是为了贯彻落实党的十三大提出的实行党政分开的原则，尽快解决好长期以来形成的党政不分、以党代政的局面。同时遵照十三大精神，正确履行地方党委“执行”“保证”“决策”“推荐”“协调”五条主要职责，确立市委的“工作职责”和“议事规则”。这两个文件于1987年12月初由白芸生和游一兵同志起草，经市委常委会反复研究，并广泛征求各方面的意见，四易其稿，于1988年1月13日提交中共秦皇岛市六届八次全委会议通过。

这两个文件是一个统一的整体，前者是明确市委的工作职责；后者是为实现市委工作职责而制定的议事程序和议事方法，以便在明确职责的情况下，使集体领导议事制度化，决策民主化、科学化，提高议事效率。这两个文件制定之后得到了省委的好评，省委办公厅在《情况反映》上予以全文刊登。省委对秦皇岛市委《工作职责》略加补充修改后，作为河北省各地、市委《工作职责》报送党中央。

《工作职责》明确指出：遵照十三大报告中确定的地方党委应在执行中央路线和保证全国政令统一的前提下，对本地区的工作实行政治领导，履行"执行""保证""决策""推荐""协调"五条主要职责，结合秦皇岛市改革开放的实际情况，特制定市委的具体职责。具体职责为六条：

一、贯彻执行中央和省委指示，保证国务院和省政府指示在全市的落实

把中央的方针政策同本地实际相结合，坚持"一个中心、两个基本点"，创造性地贯彻执行。对贯彻执行中出现的新情况、新问题，及时调查研究，加以解决；对中央、省委的重要指示和交办的事项，认真研究、落实，及时反馈；支持、监督政府落实国务院和省政府的指示。

二、审议和决策全市政治、经济和社会发展方面的重大问题

从市情出发，研究确定本市的"经济、技术和社会发展战略"，审议市政府提出的经济技术和社会发展的中长期规划和年度计划；审议城市建设总体规划、环境保护规划、区域规划、牵动全局的城市重大建设项目和农村工作重大问题以及其他涉及全局性的工作和人民生活的重大问题；根据中央的方针、政策，研究确定秦皇岛市对外开放、经济、科教等方面改革的指导方针和经济发展的重大决策；研究制定政治体制改革的总体方案并组织实施。

三、抓好社会主义精神文明建设

从秦皇岛市实际出发，贯彻落实中央、省委关于精神文明建设工作的指导方针和政策；研究制定本市精神文明建设的发展战略、中长期规划和年度计划；组织市委各工作部门及各级党委，进行思想道德建设和法制教育，指导经济、行政部门以及群众团体，结合业务工作开展职业道德建设；调查分析全市党员、干部、职工、学生、农民的思想状况，指导各级党组织有针对性地开展思想政治工作。

四、推荐主要干部，负责市、县级领导班子建设

按照党对干部工作的管理原则，推荐市级领导班子成员和须经市人大任命的干部；推进干部制度改革，对干部实行分级、分类管理，做到用人与管人、管人与治事相统一；抓好市管干部的培训、考核和老干部工作。

五、从严治党，搞好党的经常性建设

组织全市各级党组织和广大党员学习马列主义、毛泽东思想，学习党的基本路线和基本知识，搞好党的宣传工作，正确宣传党的主张；指导基层党委按照党员标准有计划地发展党员；按照党政分开的原则，合理调整和设置党的基层组织；健全党内各项生活制度，发挥基层党组织的战斗堡垒作用和共产党员的先锋模范作用；加强党的纪律检查工作，严明党纪，纠正和克服党内各种不正之风。

六、指导全市协调一致地开展工作

协调市人大、政府、政协、人武部门、群众团体的工作，使他们根据各自不同的性质和特点，独立地、充满生机和活力地开展工作，发挥各自的职能作用；协调指导政法工作，保障司法机关依法独立行使职权；搞好对统一战线工作的领导，发展和完善我们党领导下的多党合作和政治协商制度。

市委《议事规则》从议事形式、议事内容、议题的准备，到会议的召开、会议的时间、会议讨论与表决以及会后的落实工作都作了具体规定。

一、议事形式

市委议事主要通过全委会和常委会。必要时也可召开一定范围内的扩大会议，吸收有关方面负责人列席。

二、议事内容

全委会议内容：

（一）从秦皇岛市实际情况出发，研究贯彻落实中央和省委重要指示、重要部署的意见；

（二）全市经济、技术和社会发展战略；

（三）经济、技术和社会发展的中长期规划和年度计划；

（四）城市建设总体规划、环境保护规划和区域性规划；

（五）市政建设年度计划和城市改造年度计划；

（六）全市精神文明建设中长期规划、年度计划；

（七）农村工作的重要方针、政策；

（八）审议通过市委工作报告和工作安排；

（九）党的思想建设、组织建设、作风建设和制度建设问题，以及其他需要由全委会议定的事项。

常委会议事内容：

（一）研究贯彻落实中央、省委的指示和工作部署以及交办的重要事项的意见；

（二）提请常委会研究的外事、民族、人民生活等重大政策性问题。这些事项由市政府拿出方案和意见，并征求政协意见，报经市委审议、决策后，重大问题由政府再报人大审议，其他问题由政府直接颁布实施。实施情况及时向市委报告；

（三）加快和深化全市各项改革，推进对外开放、加快经济发展的指导思想和方针、政策及改革实施方案；

（四）党政机关县级机构的设置和撤销；

（五）市人大、政府、政协、纪委、军分区、检察院、法院、各人民团体、各民主党派工作中需要协调解决的重要问题；

（六）听取人大、政协和各人民团体党组的工作汇报，并提出指导性意见；

（七）听取纪委和市委各工作部门的工作安排部署和需提请市委解决的重大问题的汇报，并提出指导性意见；

（八）研究干部问题，向省委推荐市级领导班子成员，向同级人大推荐政府部门主要干部，任免市委直接管理的县级干部，决定对县级以上党员干部的奖惩；

（九）研究加强党的建设和思想政治工作的意见；

（十）研究加强市管县工作，推进城乡经济一体化的指导意见；

（十一）市委年度工作总结和工作部署；

（十二）向省委和上级有关部门请示、报告的重要问题；

（十三）其他需要常委会研究讨论的重要问题；

（十四）检查上述问题决策后的贯彻落实情况。

凡属主管书记、常委或市人大、政府、政协、纪委、军分区及市直各部门职权范围内的事情，各自主动办理，市委常委会和全委会不议。

三、议题准备

各位常委、市委各部门和各有关单位需提请市委议定的事项，由市委秘书长汇总后，交书记或副书记审定。

要做好会议准备。会前要发“安民告示”。通常情况下，常委会议题在两天前、全委会议题在五天前告知与会人，以便其作好准备。提交全委会议定的事项，均由常委会事先予以审议，并在会前向与会人员印发讨论稿，广泛征求意见。凡涉及全市性的政治、经济和社会发展方面的重大问题，决策之前，市委要组织力量反复调查研究，会同有关部门和专家进行可行性论证，并同党内外各界人士民主协商。

四、会议召集

市委各种会议，均由书记召集并主持。书记不在时，委托一名副书记主持。常委会邀请人大、政协主要领导同志列席。全委会邀请市纪委委员列席，必要时可根据会议内容扩大其他有关人列席。有些会议还应邀请新闻单位参加。

五、会议时间

通常情况下，市委常委会每星期二下午举行例会，特殊情况临时通知。市委全委会一般每半年召开一次，必要时可临时召集。要尽量开短会，议而有决，注重会议效果，提高议事质量。

六、会议讨论与表决

与会人员对会议议定的事项要实事求是，畅所欲言，认真负责地发表意见，明确表示自己的态度，并要充分反映自己所在单位党员和群众的意见。

书记要当好“班长”，充分发扬民主，善于集中大家的正确意见。

表决方式：可由主持人归纳各位常委、委员的表态，按多数人意见作出决定；重大问题可执行举手表决制度。全委会也可用无记名投票方式表决。

七、贯彻落实

常委会决议的事项，需要有关方面贯彻落实的，形成“会议纪要”下发。全委会决议的事项，必须形成正式文件下发，必要时亦可全文见报（不另行文）。有些重要会议的情况，要及时向党外各界人士通报，以便党内外干部、群众及时了解市委决议精神。

各位常委、市委委员、候补委员要带头贯彻执行各项决议，并按自己的工作分工认真抓好落实；各级党委、政府，各有关部门和人民团体都要结合自己的实际，对市委的有关决议认真组织实施。各单位要把贯彻执行情况及时向市委反馈。

政府的《发展战略实施意见》大体分为到1990年、1995年、2000年三个阶段，每个阶段上一个较大的台阶。到1990年的计划实现目标是：国民总产值25.5亿元，工农业总产值29.7亿元，其中工业总产值24.2亿元，农业总产值7.45亿元，乡镇企业总收入11.05亿元，地方财政收入和人均国民收入有一个相应的增长和提高（上述均按80年不变价计算）。

为了实现上述目标，上好第一个台阶，为第二个台阶奠定良好的基础，必须把各行各业的工作纳入发展战略的轨道。并对工业、农业、乡镇企业、港口、旅游、市场、开发区、市政建设、环境保护、城乡经济一体化、科学技术、文教卫生和体育各方面的工作提出了实施意见。

会议经过认真审议，一致认为，市委三个文件体现了“一个中心、两个基本点”，体现了党要管党、党政分开，加强党的集体领导。政府《发展战略实施意见》目标明确，要求具体。全会批准了市委和政府的报告，并通过了《市委工作职责》和《市委议事规则》。

全委会第九次全体（扩大）会议

全委会第九次全体（扩大）会议于1988年11月2日至5日在市群艺馆举行。

出席会议的有市委委员、候补委员。列席会议的有市纪委委员和在本市的省顾委委员；市人大党员正副主任、市政府党员副市长、市政协党员正副主席；港务局、山桥厂、山船厂、耀华厂党委书记、党员厂长；各工业公司党委书记、党员经理；市委各部门负责人、市直各部门党员负责同志；各大中专院校党委书记、党员校长；市一中、山海关中学党委书记、党员校长。

议题：传达中共中央十三届三中全会的报告；传达邢崇智同志在省委三届六次全委（扩大）会议上的报告；审议和通过白芸生代表市委所作的报告。

这次全会是在全国开始治理经济环境、整顿经济秩序的情况下召开的。中心内容是贯彻中央和省委指示，安排部署本市的治理整顿工作。

会议首先传达学习了中央十三届三中全会的报告和邢崇智在河北省委全会上的报告。然后白芸生就秦皇岛市的治理整顿讲了安排部署意见，提请全会审议。

市委在安排部署中首先要求各级领导、全体党员和广大干部要正确领会中央提出的治理整顿方针，充分认识治理整顿的重要性和迫切性，把全市党员、干部的思想和行动统一到党中央的重大决策上来。

其次，要正确认识和处理好治理、整顿和几个方面的关系。一是治理、整顿和当前大好形势的关系。既要充分肯定党的十一届三中全会以来，在改革开放中所取得的巨大成绩和当前的大好形势，以增强深化改革、发展大好形势的信心；又要看到在大好形势下存在的问题，以增强搞好治理、整顿的紧迫感。二是治理、整顿与改革的关系。治理、整顿绝不是改革的停滞和终了，而是为全面深化改革创造一个更好的物质条件和社会环境以及良好的经济秩序，必将进一步推动改革的健康发展。三是治理、整顿与发展经济的关系。治理、整顿是积极的方针，不能把治理、整顿与经济发展对立起来。治理、整顿将迫使生产性企业改善内部机制，挖掘内部潜力，稳中求快地发展生产。紧缩信贷又迫使企业加速资金周转，提高资金利用率，降低成本，提高产品质量，扩大销售。压缩基建规模，还迫使企业走内涵扩大再生产的路子。同时还可以把有限资金使用在急需上。因而，治理、整顿对发展经济提出了更高的要求。应以治理、整顿为动力，推动经济的稳定发展。四是治理、整顿与对外开放的关系。治理、整顿是前进的方针，将为实施沿海经济发展战略、发展外经外贸、吸收国外投资创造更为良好的社会、经济环境。坚持对外开放，是我国的一项基本国策，是不会改变的。中央已经明确指出，对外已签约的合资合作项目，要认真执行合同，对我国经济发展有利的“三资”企业项目不仅不压缩，还应积极发展。因此，在治理、整顿中，要坚定不移地扩大对外开放。

第三，抑制通货膨胀，控制物价上涨幅度。通货膨胀，不仅是个严重的经济问题，也是个重大的政治问题。抓好这项工作的关键，在于坚决落实中央指示，确保 1989 年物价上涨幅度明显低于今年。我们必须扎扎实实搞好税收、财务、物价大检查，认真清理整顿各类公司，坚决惩治各种“官倒”“私倒”。压缩基本建设规模，计划外项目下决心砍下来；压缩集团购买力，控制消费资金的增长。

第四，挖掘内部潜力，保证经济持续稳定增长。抓好产品结构的调整，抓紧新建项目和技术改造的进度，加强企业管理，搞好扭亏增盈，实现增产增收。搞好农业生产，增加农产品供给，平衡市场，稳定物价。外经外贸工作，也要有较快的发展。

第五，围绕治理整顿，全面深化改革。继续完善经营承包责任制，把竞争机制引入企业承包中去；在国营企业推行以公有制为主的股份制试点，在横向联合和企业兼并中也要推行股份制；集体企业试行职工入股，使资产股份化。组建企业集团，实行企业合作和兼并。优化劳动组合，搞活固定工制度。进一步深化农村改革，更加完善联产承包责任制，健全农村社会化服务体系，扩大集体积累，壮大集体经济。搞好金融改革，引导群众把部分消费资金向生产资金转化。

第六，搞好教育科技体制的改革，把教育科技事业搞上去。提高基础教育，确保义务教育法的贯彻实施；坚持教育与经济发展紧密结合，调整中等教育结构；努力发展成人教育，向全方位、多功能的领域开拓。继续推进以“双放”为重点的科技体制改革，鼓励科技人员下厂、下乡搞多种形式的技术承包或领办企业。

第七，深入开展形势教育，加强改进思想政治工作。扎扎实实搞好形势教育，顺利实施整顿治理方针；积极探索思想政治工作的新路子，加强和改进思想政治工作。继续推进全市文明建设，使其进一步深入开展。

第八，发挥政治优势，加强党的领导。强化党性观念、全局观念和领导意识，无条件地同党中央保持高度一致。搞好廉政建设，坚决同腐败现象作斗争；党要管党，切实加强党的基层组织建设，充分发挥各级党组织的战斗堡垒作用和党员的先锋模范作用。进一步加强社会主义民主建设，充分发挥人大、政协、民主党派和人民团体在治理、整顿和深化改革中的作用。

全委会议经过认真审议，批准了白芸生所作的报告。

全委会第十次全体（扩大）会议

全委会第十次全体（扩大）会议于1989年4月15日至16日在市委会议室举行。

出席会议的市委委员、候补委员共37名。市委各部门负责人，县委、区委书记，共计128人。

会议议题：主要是传达省委关于秦皇岛市委人事变动的通知。讨论通过《关于治理社会政治环境，推进全市精神文明建设的决议》。

会议首先由市委副书记杨玉忠传达了省委关于免去白芸生同志中共秦皇岛市委书记、市委常委职务；任命顾二熊同志为中共秦皇岛市委书记；任命丁文斌为市委副书记的通知。接着传达了省、市委对白芸生同志担任中共秦皇岛市委书记期间工作的评语。

省委指出：白芸生同志职务变动，主要是在市委任职年龄已经过线，适逢上半年要开省人代会，省委认为这是安排老同志的一个好机会。因此省委决定免去白芸生同志市委书记、常委职务，建议任省人大常委会委员。

省委认为白芸生同志担任秦皇岛市委书记以来，认真贯彻执行了中央的路线、方针、政策和省委的一系列指示，积极努力地进行工作，在各方面很好地发挥了班长的作用。党政班子是团结的，芸生同志支持政府的工作，政府主要负责同志也很尊重和支持市委及芸生同志的工作，市级五套班子也是协调一致的。全市工作重点集中到了经济建设上，在对外开放、经济建设、党建工作、精神文明建设等方面都取得了显著成绩，为秦皇岛今后的发展打下了良好的基础。在芸生同志任职期间，中央在北戴河办公、休息以来，每年的暑期工作做得都比较好，中央是满意的。

芸生同志任省人大常委后，政治、生活待遇不变，仍要以省人大常委的身份支持市委及全市的工作。

市委常委们一致认为省委对芸生同志工作的评价，是客观的、实事求是的，表示理解和拥护省委的决定。

随后白芸生向全体委员同志作了卸职汇报。他说："支持省委决定顾二熊同志出任中共秦皇岛市委书记，支持省委决定丁文斌同志出任中共秦皇岛市委副书记，并祝贺他当选为秦皇岛市市长。由于年龄过限，省委决定我不再担任市委书记，这是正常的新老交替，在今天的市委全会上我愉快地正式卸任。当正式卸任时，我想简要地回顾四年来主持市委工作的情况，作为向全体委员同志的卸职汇报。"

"我于 1985 年 1 月出任中共秦皇岛市委书记，四年多来，在省委的直接领导下，遵照历次全委会议决议，我和市委常委同志一起主要抓了五件大事。"接着白芸生简述了五件大事。他最后说："上述这些工作，是党的方针、政策指引的结果，是全市党员和全市人民共同努力的结果。就我本人来说，工作中还存在不少差距，有些事情应该做还没有做，有些事情本该做得更好些，但由于种种原因不尽如人愿（举例说明了工作中的差距）。请同志们谅解。我任职期间，常委同志们、市委委员同志们和几大家领导同志们，以及市委、市政府部门同志们，还有各民主党派同志们从各方面给予关怀支持和帮助。对此，我表示衷心的感谢！"

然后，顾二熊、丁文斌同志就白芸生卸任和如何接任讲了话。

最后，顾二熊同志代表市委就《实行综合治理，创造良好的社会政治环境的决议（草案）》作了说明，提请全会审议。

顾二熊强调，市委常委同志们认为，在狠抓治理经济环境、整顿经济秩序的同时，应创造一个良好的社会政治环境。因为两者是相互渗透、互相促进、互为一体的。良好的社会政治环境是治理、整顿经济工作的保证。在治理、整顿经济的同时努力创造一个良好的社会政治环境，这符合中央关于坚持“两手抓”的指示精神。只有同时抓好两方面的工作，才能进一步稳住全局，发展大好形势。基于这个认识，芸生同志在春节期间起草了《治理社会政治环境的初步构想》，后经市委常委会反复研究，并征求人大和政协的意见，大家一致认为，在治理经济环境的同时，集中一段时间治理社会政治环境非常必要。然后顾二熊同志就如何治理政治环境问题，宣读了开展群众性的“说、谈、议”活动[①]，认真搞好“四查”，推动廉政建设；整顿社会治安；开展职业道德和社会公德教育等决议草案。全会经过认真审议，于 4 月 16 日通过。

---

① 治理政治环境中“说、谈、议”活动，是指开展群众性的说过去改革开放十年所取得的成就，谈当前大好形势，议今后如何建设美好的未来。

秦皇岛市七年间社会经济发展综述

1984年5月，党中央、国务院确定秦皇岛市为首批沿海开放城市以来，到第七个五年计划结束的1990年已走过了七个春秋。七年来，在党的路线、方针、政策指引下，在河北省委、省政府的直接领导下，在市人大、市政协的配合支持下，秦皇岛市委、市政府坚持以经济建设为中心，从本市实际情况出发，确立了一系列经济工作指导思想，从理论导向上、力量部署上、精力集中上，紧紧围绕这个中心，坚持改革开放，开展各项工作，使经济建设和社会事业基本上得到了协调发展。为实现“八五”计划和第二个战略目标，奠定了重要的物质基础。

一、国民经济持续稳步协调发展

秦皇岛市进一步开放以来，特别是《发展战略》颁布实施以来，国民经济走上了持续、稳步、协调发展的轨道。秦皇岛市已初步建成以港口、旅游为主，轻型产业结构、环境优美、功能健全、全方位开放的新型城市。1990年，全市国民生产总值达46.67亿元，比1984年增长76.5%；国民收入36.68亿元，比1984年增长59.2%；社会总产值80.99亿元，比1984年增长78.1%；其中工农业总产值54.98亿元，比1984年增长1倍。

（一）农村经济迅速发展

党的十一届三中全会以后，秦皇岛市农村和全国广大农村一样，率先开始了经济改革，推行了以家庭联产承包责任制为主的一系列改革，极大地发展和解放了生产力，广大农民的生产积极性一下子迸发出来，广大农村由此出现了前所未有的新局面，开始了具有历史意义的由自给、半自给性的生产，一步步向专业化、商品化、社会化生产转变。随着进一步开放和市管县新体制的不断完善，以城市为中心、城镇为纽带、广大乡村为基础的城乡经济一体化的新格局正在形成，进一步加速了农村经济的发展。

1990年，全市农业总产值达17.4亿元，比1984年增长39.8%，1978

年至1990年平均年递增3.4%。在农业总产值中，种植业产值为9.8亿元，比1984年增长25.6%；林业产值0.5亿元，增长40.3%；牧业产值4.6亿元，增长59.6%；副业产值1.8亿元，增长68.3%；渔业产值0.7亿元，增长1.2倍。农村经济总收入30.5亿元（现价），比1949年增长1.9倍。

1990年，全市粮食总产量92.8万吨，比1984年增长35.2%；果品总产量11.2万吨，增长25.5%；肉类总产量6.7万吨，水产品产量2.3万吨，分别比1984年增长83.3%和84.6%。

1990年平均每个农村劳动力创农业产值1933元，比1984年提高1.1倍。创收入3395元，比1984年提高1.5倍，平均每亩耕地创种植业收入322元，比1984年提高1.7倍。1990年，全市农村上缴国家税金1.1亿元，比1984年增长2.2倍。

（二）工业生产稳步发展

农村经济改革的成功，极大地影响了城市。随着进一步开放，工业系统进行了以搞活企业、搞活经济、推行承包责任制、扩大企业自主权以及实行按劳分配等为内容的一系列改革。与此同时，对全市国营企业和大集体企业进行了大规模的技术改造和产品更新换代。初步调整了产业结构，大力发展了横向经济联合和乡镇企业，以及引进“三资”企业。基本上形成了以建材、轻纺、机械、食品为主的产业结构，形成了四个支柱产业。

1990年，全市乡级以上的工业企业已达919家，比1984年增加180家，工业总产值达到32.4亿元，比1984年增长1.2倍，平均年递增13.9%。其中，轻工业产值为13.4亿元，重工业产值19亿元，分别比1984年增长了1倍和1.3倍。全市全民所有制工业企业产值23.1亿元，比1984年增长1倍；集体所有制工业企业产值为8亿元，增长1.4倍；合营企业从无到有，年产值达到1.3亿元。

1990年，全民独立核算工业企业产品年销售收入为20.6亿元，比1984年增长1.6倍，全员劳动生产率为14954元，比1984年增长58.2%。

（三）以港口、旅游为主的第三产业蓬勃发展

秦皇岛市是以港口、旅游为特色的，因此，秦皇岛《发展战略》在确

立城市性质时把港口、旅游放在了主导地位，并确立了“以港兴市，以市促港”市港共兴的战略方针。几年来，遵照这一方针，秦皇岛促进了以港口、旅游为主的第三产业发展，港口先后完成煤码头一、二、三期工程，码头泊位已由17个发展到24个，1990年货物吞吐量已达6945万吨，比1984年增加了3365.5万吨，增长94%。

秦皇岛旅游事业历史悠久，进一步开放以来更加兴旺发达，新建了一批旅游景点，形成了15个旅游景区，1990年国内外来秦旅游人数已达600万之多，社会收入也很可观，已成为一门新型产业。为了适应旅游事业的发展，目前已形成吃、住、行、游、购比较健全的服务体系。到1990年全市拥有宾馆、休养院、旅店、招待处所1500余家，床位9万余张，饮食服务网点3.2万多个，个体工商业户66319个，旅游出租汽车794辆，大小游船89艘。

公路运输业也有了较大的发展，民用汽车由1984年的7304辆，增加到1990年的16654辆，增长了1.3倍。公路运输量1990年达352万吨，比1984年增长21.4%；市里通车里程达1741公里。

随着国民经济的发展，邮电事业也得到了相应的发展，基本上改变了邮电通信的落后状况。1984年开始对市内电话进行了增容扩建，由过去的3000门装机容量增到4000门，1985年又引进瑞典万门程控设备，1986年陆续开通使用，结束了三个城市区之间打长途电话的历史。到1990年年底，全市已有电话3.51万部，比1984年增长1.8倍。长途直拨有权用户从无到有，1990年达5267户，占市话总数的37%。1990年，全市邮电业务总收入3353万元，比1984年增长4.4倍。

其他第三产业如地方金融、咨询服务、民航事业等也正在兴起。

（四）城市基础建设大为改观

秦皇岛市的进一步开放，客观形势要求必须尽快改变城市基础设施落后面貌，以适应经济建设和对外开放以及人民生活的需要。为此，按照秦皇岛市《发展战略》的总体谋划，加快了城市基础建设的步伐。到1990年，市区铺设道路达535公里，比1984年增加了285公里；修建地道桥

19 座，形成了四通八达的城市交通网。市内公共客车由 1984 年的 70 辆增加到 133 辆，缓解了市内公共汽车班车紧张状况。对市内给排管道进行大规模的新建和改造，地下管道总长度已达 454 公里，1985 年新建污水处理厂一座。市供水管道总长度已达 335 公里，比 1984 年延长了 128 公里。城市基础建设大大改善。

七年来，全市新建住宅面积 278 万平方米，比 1984 年增长了 2.5 倍。人均居住面积达到 8.9 平方米。

（五）城乡市场日益活跃

为使商业系统流通渠道与工农业体制改革相适应，秦皇岛市建立了多渠道、少环节、产销相结合的流通体制。改变了长期以来流通渠道单一、环节多、产销脱节等弊端，促进了城乡市场活跃。1990 年，全市商品零售总额达 18.5 亿元，比 1984 年增长 1.2 倍，其中，居民消费品零售额 14.6 亿元，比 1984 年增长 1.3 倍。农村经济繁荣，商品生产的发展促进了集市贸易发展，1990 年集市贸易成交额达 5.9 亿元，比 1984 年增长 4.4 倍。

（六）对外经济贸易势头良好

外经外贸的一端在国内，另一端在国外，是连接国内外商品流通、劳务交换的桥梁。在进一步开放中，市委、市政府确立了以提高经济效益为中心，以出口创汇为重点，大力发展外向型企业的指导思想，使对外经济贸易出现了良好的势头。1990 年，全市外贸商品收购总值为 2 亿元，比 1984 年增长 2.5 倍，平均年递增 23.2%。

对外经济技术合作从无到有，不断发展，到 1990 年全市批准“三资”企业 62 家，总投资 5.8 亿美元，注册资本 2.1 亿美元，其中实际引进外资 5016 万美元。已投产的 23 家，累计实现产值 4.2 亿元，利润 3175 万元，创汇 948 万美元。

开发区建设已取得新的进展，1990 年总建筑面积达 16 万平方米，有 36 家企业正式投产，全年实现工业总产值 1.4 亿元。

二、社会事业得到了相应的发展

国民经济的迅猛发展，带来了社会事业的兴旺，初步改变了人才匮乏、科技落后、文教卫生不适应的状况。

1990年，全市有高等学校5所，比1984年增加了4所；中等专业学校14所，比1984年增加了2所，在校生3506人；普通中学249所，在校生9.57万人；农业、职业中学13所，在校生7604人；小学1608所，在校生26.4万人，学龄儿童入学率达99.3%。全市幼儿园12所，在园幼儿3.7万人。与此同时，全市成人教育事业也迅速发展。成人高校已有5所，在校生2099人，七年间共毕业3143人。成人中等专业学校发展到12所，比1984年增加了10所，在校生2493人，七年间共毕业3269人。成人初等教育学校1849所，比1984年增加1772所，在校生15.6万人。

全市科技事业发展较快，科技人员达4.4万人，其中具有中级技术职称以上的1.5万人。1990年取得科技成果94项，属于国际先进成果的6项，国内先进成果27项，省内先进成果24项，一般成果37项，促进了我市生产力的发展。

1990年年底，全市共有电影放映单位539个，其中电影院12个。全年放映电影6.3万场，观众达3644万人次，收入355万元。全市有专业艺术表演团体2个，公共图书馆4个，藏书38.5万册。有广播电视台和转播台10座，广播人口覆盖率达97%；电视事业从无到有，发展很快，1990年全市已有电视发射台和转播台14座，电视人口覆盖率达80%。

医疗条件有了改善。1990年已有卫生机构580个，比1984年增加88个，床位18478张，比1984年增长1倍；卫生医务人员13170人，比1984年增加了3780人。全市有各类医院120所，卫生防疫站9所，妇幼保健所站6个。

到1990年全市已有一支193人的专业体育工作者队伍，其中教练员78人，已有等级运动员140人。儿童业余体校12所，在校生873人。达到《国家体育锻炼标准》的人数共21.4万人。

三、人民生活水平明显提高

改革开放促进了国民经济的全面发展，也使城乡人民生活有了较大的提高，得到了实惠。

据调查，1990 年秦皇岛城市居民家庭人均年收入 1668 元，比 1984 年的 510 元增长了 2.3 倍，扣除物价因素，实际增长 89.5%；人均生活费年支出 1528 元，比 1984 年增长 2 倍，扣除物价因素，实际增长 72.6%。生活费支出构成也发生了较大变化，吃穿支出比重由 1984 年的 74.6% 下降到 67.1%；生活日用品和文化娱乐用品支出比重由 1984 年的 25.4% 提高到 32.9%。平均每百户拥有自行车由 1984 年的 252 辆，增加到 1990 年的 292 辆，缝纫机由 65 台增加到 82 台，电风扇由 34 台增加到 72 台，洗衣机由 58 台增加到 91 台，电冰箱由 1 台猛增到 70 台，彩电由 5 台增加到 87 台。

1990 年，农民人均纯收入达到 757 元，比 1984 年的 358 元增长 1.1 倍；人均生活年支出由 1984 年的 248 元增加到 590 元，增长 1.4 倍。1990 年年底，平均每百户农民家庭拥有自行车 163 辆，比 1984 年增加 69 辆；拥有缝纫机 80 台，增加 6 台；洗衣机 42 台，增加 40 台；收录机 30 台，增加 29 台；电冰箱从无到有，每百户有 4 台。

秦皇岛市进一步开放的七年，确实是不寻常的七年，在社会主义建设 40 多年的历史中，占有极其重要的地位，无论是经济建设还是社会事业的发展，都是前所未有的。但要使全市人民和全国各地同时步入小康，这七年只是一个良好的开端和新起点。

要完成第二个战略目标，当前仍有大量的问题亟待解决：思想认识仍需进一步解放，观念仍需更新；如何进一步调整产业结构，如何进一步发展农村商品经济，如何转变政府机能，如何转换企业机制，如何进一步培育市场，搞活流通，尚须总结经验，理出头绪，学习别处，加以解决。“以港兴市，以市促港”的方针贯彻执行得不好，远未形成与国际贸易往来的商品集散地。第三产业仍需大力开拓，对外贸易未能取得突破性的进展，教育、科技、文化卫生条件尚未从根本上改善。如此等等，必须在今后工作中，一步步加以解决。

注：文中价值量均按当年价计算，增长速度均按可比价计算。

中共秦皇岛市委
加强党的统战工作的探索

1986年，秦皇岛市的进一步开放进入了第三个年头，市委为了在新的形势下，进一步加强党的统一战线工作，认为有必要对统战工作的现状作出实事求是的评价，并进行很好的探索。经过调查研究和认真分析后，形成了以下总的看法：

在党中央关于新时期统一战线一系列方针政策指引下，我市的统战工作在广度和深度上都有了较大进展，取得了明显成绩：各项统战政策基本落实；党外人士参政、党与非党的合作共事不断加强；人民政协工作日趋活跃；各民主党派的组织和工作有了较大发展；民族团结日益增强；对台、侨务、宗教工作等都有了新的进展。这些，对于发扬我市的社会主义民主，巩固和发展安定团结的政治局面，促进改革、开放和两个文明建设等都起到了重要作用。当前，统一战线形势是新中国成立以来最好的。

但是，随着形势任务的发展变化和作为沿海开放城市所处的地位，我市的统战工作越来越显得不够适应新的形势，按党中央和省委的要求尚存在一些不可忽视的问题：在党内有部分同志包括少数领导干部对统一战线的长期性、重要性、必要性认识不足，因而对统战工作有所忽视；有些干部和群众，对人民政协、民主党派的地位、性质、作用不甚了解，甚至存有某些偏见；有的单位的领导同志不注意和不善于同党外同志合作共事；海外统战工作尚未真正列入议程；统战工作部门之间，有些关系尚待理顺；统战部门较严重地存在人员数量少、年龄偏高、文化程度低的问题。这些问题的存在，直接影响着我市统一战线工作的深入发展。为此，在调查研究、认真分析的基础上，市委作出了《进一步加强党的统战工作的决定》。《决定》如下：

一、认真贯彻执行中办发〔1986〕17 号文件精神，积极大胆地开展海外统战工作

新形势新任务，要求我市的统战工作，要由“内向型”向“双向型”发展，即：在做好当地的和“请进来”的统战对象工作的同时，积极大胆地、创造性地开展港澳台和国外华侨、华人的统战工作，开拓海外统战工作的新局面。由于这是一项新的、重要的政治任务，因而党的各级组织和主管部门，要在做好思想动员工作、消除余悸、提高认识的前提下，积极摸清“三胞”底数及有关情况。对那些政治上有影响、经济上有实力、社会上有声望、学术上有造诣的“三胞”，要逐步做到知名、知情、知变化。要采用各种形式主动宣传“一国两制”、和平统一祖国的伟大意义。要切实落实“三胞”及其眷属的各项政策，帮助他们解决实际困难，通过调动国内千军万马的积极性来团结调动海外千军万马的积极性。

各民主党派、有关团体和各界党外人士在海外有着广泛的联系，是开展海外统战工作的重要依靠力量，能够起到不能替代的作用。要动员他们，通过多种渠道和形式做好海外联谊工作。今后，政府和有关部门在组织重要的经济、文化、技术代表团出访时，应吸收党外人士参加，必要时或由他们单独组团出访。统战系统要创造条件，有计划地邀请港澳和国外华侨团体和个人来我市旅游、观光，增进感情，联络友谊。中外合资、合作企业的党组织要做好“送上门来”的统战人员的工作。为了有利于开展海外统战工作，市委决定建立“秦皇岛海外联谊会”（暂配二人）作为民间组织，逐渐把对外联谊工作开展起来。为保障这项工作的开展，财政部门要给统战部门拨一部分特别费用。

二、把政治协商、民主监督活动认真坚持下去，使之经常化、制度化

实行在中国共产党领导下的多党派合作，是我国政治制度中的一个特点和优点，是建设具有中国特色社会主义在政治方面的一个重要特征。政治协商、民主监督是党同各民主党派、无党派人士合作共事的主要方式，

是政治改革的重要内容之一。它既是统战工作的重要方面，又是群众路线的重要组成部分。因此，各级党政机关均应建立健全协商、监督制度，增强主动性，坚持经常化，扩大协商内容，自觉执行相互监督。

党委直接出面同各民主党派和无党派爱国人士的协商，一般可采取“双月座谈会”形式，主要是协商重要的人事安排、重大工作部署和机构、体制的变动，通报党内事务，征询对党政工作的意见等，每次有一位常委主持或参加。为进一步发挥人民政协政治协商、民主监督的职能作用，除党委直接出面协商外，其他协商均通过政协进行，由政府或政府所属部门提出报告或通报，就全局性重大事项进行协商讨论，而且要尽量做到协商在重大决策之前，监督在决策实施之中。政府所属部门要加强与政协有关工作组的对口联系和协商。

市直各有关部门，各厂矿、院校、医疗、科研等企事业单位的党政组织，也要制定相应的制度，主动就本单位、本部门的重大问题同各民主党派、非党人大代表、政协委员和党外知名人士进行协商，真心诚意地听取党外朋友的意见，以发扬民主，集思广益，密切关系，改进工作。

三、进一步发挥人民政协、民主党派和有关人民团体的作用

人民政协是我国具有广泛代表性的爱国统一战线组织，在国家政治生活、社会生活和对外友好活动中，在建设祖国、统一祖国的伟大事业中，具有重要作用。各民主党派和工商联、侨联等团体是我们党开展统战工作，进行社会主义现代化建设的重要依靠力量。各级党组织要创造必要的条件，使人民政协、民主党派和有关人民团体的作用进一步得到发挥。

要让党外人士“知情”，使他们能积极工作，贡献力量。要让他们看到应看的文件，参加必要的会议，以便了解上级精神和领导意图。为他们提供工业、农业、财贸、科技、文教、旅游等方面咨询服务所需的资料，有关部门应积极支援。他们在与有关部门联系引进资金、技术、设备时，有关部门应持热情欢迎态度。对他们在办学、讲学方面存在的困难，有关部门应予以协助解决。关于调整、补充县、区政协，各民主党派和工商联、侨联领导班子和充实工作人员问题，由组织、统战、人事部门研究解决。

对民主党派和有关人民团体在办公用房、交通工具、业务经费等方面的困难，由政府有关部门研究解决，并给予适当照顾。

四、切实搞好党外干部的实职安排，加强党与非党的合作共事

坚持政权机关中的统一战线，加强党与非党合作共事关系，对巩固和加强人民民主专政，建设具有中国特色的社会主义具有重要意义。各级政府和政府所属部门以及大专院校、医疗、厂企、科研单位，都应安排非党干部担任领导职务，今年内要解决一批；当前，确实条件不具备、安排有困难的，要加强非党干部的培养工作；因领导班子成员满额不能安排的，一旦成员有所变动，应首先补配非党干部。在非党人事安排中，要树立新的观点，要从统一祖国、振兴中华的需要和扩大海外影响出发，切忌论资排辈，要积极地把基本符合“四化”条件的党外同志选拔到领导岗位上来。对已担任领导职务的党外同志，要使他们有职有权有责，大胆、放手地开展工作。党的各级领导干部要热情地支持、关怀和帮助他们，主动、自觉地合作共事，搞好关系。各级各部门的党员领导干部至少交一至两名党外知心朋友。

五、进一步加强党对统战工作的领导

新时期统战、政协工作任务越来越繁重，要求越来越高，各级党委要进一步加强对统战工作的领导，列为重要议事日程，每年至少要研究讨论两次。党政一把手要出面做统战工作，分管书记要亲自抓统战工作，各级各部门的领导干部在部署、检查、总结工作时，要部署、检查、总结统战工作。宣传、统战部门，要进一步加强党内外干部和群众的统战政策的宣传教育工作。各级党政领导干部要带头学习新时期统一战线方针政策，今年内再办一次县级干部统战理论政策学习班。要认真按照中办发〔1986〕6号文件和省、市委部署，落实好各项统战政策，凡有政策规定又有条件落实的要尽快落实，争取在党的十三大以前完成。

为了理顺关系，便于加强对统战工作的集中统一领导，市委决定市委对台工作办公室仍归市委统战部代管。同时，市政府考虑，把市侨务办公

室从外事办公室分出来，与归国华侨联合会合署办公。

面临新的形势和日益加重的工作任务，各级统战部门要加强学习，不断提高干部的政治、业务素质，认真执行方针政策，创造性地开展工作，既要当好党委的参谋助手，又要成为党外人士之家。鉴于接待“三胞”的单位日渐增多，统战部门要加强同这些单位的联系，要对方方面面的海外统战工作加以汇总、协调和指导。

为了适应统战任务的需要，各级党委应重视统战系统的队伍建设，该调整的调整，该充实的充实。根据实际需要，市委统战部应建立对外联络机构，并配备专职干部加强统战理论政策研究工作。市、县、区均应把作为学术团体的统战理论研究会建立起来。

统战工作是全党的工作。全党同志特别是各级党的领导干部，要进一步加强统战观点，充分发挥党外人士的作用，以实际行动团结一切可以团结的力量，调动一切积极因素，开创统战工作新局面。

秦皇岛市《思想政治工作试行条例》的形成过程

一

1985 年，中共秦皇岛市委颁布了《思想政治工作试行条例》（以下简称《条例》），这个条例是秦皇岛市历史进程中的重要文献之一。《条例》澄清了在新的形势下对待思想政治工作的各种模糊认识，指明了在改革开放新形势下思想政治工作的地位、作用、目的和任务，有力地推动了全市思想政治工作的深入开展。现在回过头来看，《条例》所包含的内容是完全正确的，至今并未过时。

《条例》第一章阐述了思想政治工作的地位和作用。

《条例》明确指出：思想政治工作是党的工作的重要组成部分，是社会生产力发展的强大动力，是建设高度精神文明的重要手段。毛泽东同志关于“政治工作是一切经济工作的生命线”的科学论断，形象而准确地概括了思想政治工作在经济建设中的重要地位和作用。对于现代化建设时期实行政治和经济的统一、政治和技术的统一，仍然具有普遍的指导意义。

生命线的作用，就是对经济工作和其他一切工作的社会性质、社会主义方向和实现总任务、总目标，正确贯彻执行党的路线、方针、政策的保证和服务作用。在新的历史时期，随着党的工作重点的转移，随着改革开放政策的实行，思想政治工作的任务更加艰巨，而不是要放松思想政治工作。

《条例》第二章阐明了思想政治工作的任务和基本内容。

《条例》明确指出：思想政治工作的目的、任务，就是用共产主义思想、用马列主义的基本理论、用马克思主义的普遍原理同中国革命和建设的具体实践相结合的毛泽东思想，教育党员、干部和群众，启发和提高他们的革命自觉性，帮助他们确立和掌握正确的立场、观点和方法，不断增强认识世界和改造世界的能力，成为有理想、有道德、有文化、有纪律的一代新人，激励和鼓舞人们为振兴秦皇岛奋发进取、建功立业。

思想政治工作的基本内容，《条例》规定了 10 条：

（一）进行马列主义、毛泽东思想基本原理和基本知识的教育；

（二）进行坚持四项基本原则和推进改革开放、建设有中国特色社会主义的教育；

（三）进行党的路线、方针、政策和形势、任务的教育；

（四）进行共产主义理想和革命纪律的教育；

（五）进行国际主义和爱国主义的教育；

（六）进行社会主义民主和法制的教育；

（七）进行主人翁思想和集体主义思想的教育；

（八）进行社会主义公德和职业责任、职业道德的教育；

（九）进行文明的、健康的、科学的生活方式的教育；

（十）进行革命传统和艰苦奋斗、勤俭建国、热爱家乡、建设家乡的教育。

共产主义思想和四项基本原则的宣传教育是思想政治工作的中心内容。

《条例》第三章确立了思想政治工作方针、原则和方法。

思想政治工作的方针、原则和方法确定为：

在新的历史时期，党的思想政治工作，必须坚定地贯彻执行为实现党的总任务、总目标服务，密切结合经济建设和经济体制改革的实际来进行的指导思想。

思想政治工作要坚持无产阶级党性，严守纪律，在思想上、政治上坚决同党中央保持一致。

思想政治工作必须坚持疏导的方针，要发扬民主，广开言路，使大家通过鉴别、分析、比较来认识真理、接受真理、纠正错误，把人们的思想引导到正确的、积极健康的方向上来。

思想政治工作要坚持以下的原则：

（一）理论联系实际的原则；

（二）民主的原则，要平等地交换意见，相信群众，鼓励群众寻找正确答案，自己教育自己；

（三）结合经济工作和其他工作，一道去做的原则；

（四）解决思想问题同解决实际问题相结合的原则；

（五）表扬与批评相结合的原则；

（六）身教言教相结合的原则；

（七）思想教育与执行纪律相结合的原则。

《条例》第四章明确了思想政治工作队伍的组成。

《条例》明确指出：党委的宣传部门是思想政治工作的主管部门，是党委的参谋、助手。

组织部、宣传部、纪检会、统战部、工业部、财贸部、农工部、科教部、政法委、市直机关党委以及工、青、妇等人民团体都是进行思想政治工作的重要部门。要通过思想政治工作联席会等形式，交流情况，协调工作，互相配合，把分力变成合力。

要建立健全基层报告员、辅导员、宣传员、信息员制度。把基层积极分子吸收到基层宣传队伍中来。

还要建立一支群众性的思想政治工作队伍。逐步形成党员、团员、优秀老工人、先进生产者、班组长、党小组组长等各类骨干组成的群众思想政治工作网，把思想政治工作落实到基层。

加强思想政治工作队伍的建设是新时期思想政治工作的客观要求。要教育专兼职思想政治工作人员，热爱并献身本职工作。要通过有计划的长、短期培训，提高思想政治工作队伍的政治素质。政工专业队伍除学习本行业业务知识外，还要学习掌握现代化的科学知识和管理经验，增强经济意识。

在机构改革、体制改革中，不论采取何种形式，思想政治工作机构只能加强，不能削弱，更不能取消。

《条例》第五章强调了加强领导。

《条例》强调指出：各级党组织要以主要精力抓好党的建设和思想政治工作。彻底改变党政不分、党不管党的状况。

建立健全各种思想政治工作制度，是加强党对思想政治工作领导的保证。要逐步建立健全系统教育和日常思想政治教育制度，思想政治工作布置、检查、总结、评比和奖励制度，党团员联系群众谈心家访制度，思想动态分析制度以及政工部门、政工干部岗位责任等各项必要的规章制度。

各级党组织要切实改进领导作风和领导方法，深入基层调查研究，善于用典型示范来指导思想政治工作。

二

《条例》是客观形势发展的需要，是针对当时在社会上出现的忽视和放松思想政治工作的情况而产生的。

思想政治工作是我党的优良传统，历来是发动群众、组织群众完成党的各项革命任务的重要保证。然而“文革”时期党的这个优良传统遭受严重的破坏，大批政工干部受到冲击，人们的思想被搞乱。党的十一届三中全会以后，思想政治工作虽然得到了恢复，但仍有些问题亟待解决。而且在改革开放新的形势下又产生了一些模糊认识，需进一步澄清。在农村，一些干部片面地认为农村实行了家庭联产承包责任制，一切问题解决了，思想政治工作作用不大了。在城市，一些干部特别是一些企业领导片面地认为，多发奖金和实物调动人的积极性最见效，思想政治工作不灵了。因而，产生了思想政治工作可有可无的想法。一些单位将政工机构和别的机构合并，有的甚至撤销了。有的虽然保留了政工机构，但力量削弱了。思想政治工作搞得好的是部分单位。

就政工人员而论，在改革开放的新形势下，一些同志对于思想政治工作的地位、作用、目的、任务不明确，对于搞好思想政治工作缺乏信心。因而，不敢理直气壮地开展工作，有的甚至要求改行离开政工部门。

面对这种情况，客观形势要求必须有针对性地研究制定一个指导思想政治工作的文件。为此，市委首先于 1985 年 4 月 26 日在市工人文化宫召开了九百余人参加的思想政治工作经验交流会。会上，山海关桥梁厂、耀华玻璃厂、港务局第二作业区、市商业服务楼、卢龙县等八个单位介绍了在新时期加强思想政治工作的经验。根据这些单位的经验，白芸生代表市委有针对性地讲了五条意见：

（一）把思想政治工作放到本来应有的地位，发挥其作用；

（二）进一步端正思想政治工作的指导思想，自觉地服从于党的全局，为党的总任务、总目标服务；

（三）明确思想政治工作的内容，正确而有效地做好人的工作；

（四）积极探索思想政治工作的有效做法，确立思想政治工作基本原则；

（五）加强学习，提高政工干部的素质。

其次，于同年7月29日至31日，市委召开了思想政治工作研讨会，听取了四县二区和一些单位的汇报。与会同志还围绕如何摆正两个文明建设的关系、做好思想政治工作展开了热烈的讨论。根据讨论情况，白芸生代表市委又讲了八点意见：

（一）加强思想政治工作，保证改革顺利进行，促进经济的发展；

（二）大唱正气歌，坚决抵制不正之风；

（三）教育者先正己，再教人；

（四）理论联系实际，有效地做好思想政治工作；

（五）抓典型，树样板，充分发挥榜样作用；

（六）健全组织，充实干部，使思想政治工作有人抓、有人管；

（七）健全制度，定期开展评比检查；

（八）提高干部素质，适应形势发展的需要。

这两次会议，既稳定了政工干部，澄清了模糊认识，推动了全市思想政治工作的进一步开展，又为研究制定“思想政治工作条例”提供了依据和素材。因而，市委责成宣传部起草了《思想政治工作试行条例》，经过反复研究，于当年10月13日，经市委第六十次常委会议正式通过，颁布实施。从此，秦皇岛市思想政治工作有了一个可行的章程。

《思想政治工作试行条例》的贯彻实施，进一步推动了思想政治工作的开展，涌现出了若干思想政治工作搞得好的全国和省市先进单位、先进政工干部。市委工业口数次出席全国和省的思想政治工作研讨会，介绍了他们的经验。中共中央办公厅于1988年11月1日在《综合与摘报》第95期上，介绍了秦皇岛市加强和改进企业思想政治工作的做法。

抚宁县考核干部确立“三个观点”坚持“三项制度”

中共抚宁县委为改革现行干部制度中的弊端，在干部考核方面根据市委提出的要全面考核干部，一要看上任时的工作基础，二要看任职期间的工作政绩，三要看离任时为今后工作增加了哪些后劲，具体化为确立“三个观点”、坚持“三个制度”，有效地激发了各级干部打基础、创业绩、备后劲的工作积极性，防止了某些干部的短期行为，有力地促进了全县工作的开展。

确立的“三个观点”是：

一、看基础。即看一个干部接任时这个单位原来的基础怎样。原来是个比较贫困的地方，上任者去后开创了新局面，虽然横向比较，这个地方仍处于比较后进的地位，但纵向比较进展幅度大，那么工作就是干得不错，就是一个比较好的干部；原来是个比较富裕的地方，你去以后没有什么发展，虽然横向比较这个地方仍处于领先地位，但纵向比较进步幅度小，那么同样属于政绩一般。这个观点的提出，不仅较好地解决了贫困地区、工作后进单位派干部难的问题，并且有利于调动后进赶先进、先进更先进、争相干四化的积极性，使贫困地区的干部情绪稳定，富裕地区的干部思想有了压力。

二、看政绩。即看任职期间的工作实绩如何。看你在任职期间做出了哪些成绩，办了哪些实实在在的事情，是面貌一新了，还是山河依旧。县委提出，为“官”一任，致富一方。你当一任县长、乡长，就要以最快的速度、最科学的方法带领群众致富。四平八稳，不求有功、但求无过的干部，不是好干部，不能让他“稳坐江山”。按照这个标准，1987年上半年，县委结合县乡换届选举，对全县46个乡镇的副乡长以上干部进行了政绩考核，提职89人，降职19人。

三、看后劲。即看离任时给接任者留下什么基础。县委提出，一个干部不仅要做好自己任期内的工作，而且还必须想到下一任或下几任，既要抓好当前，又要为以后打好基础，把眼前利益和长远利益结合起来。尤其是做经济工作的同志，不能为自己一任，而大搞掠夺性生产，拼设备，拼财力，离任时留下个乱摊子，不给人家积蓄点后劲。1987 年 4 月刚刚换届的县政府首先带了头，提出了“一年抓三季（春、夏、秋），六年为期、两届政府，绿化全县 92 万亩荒山”的宏伟规划。一进入雨季，县政府就扎扎实实抓了雨季造林工作，现已造林整地 11169 亩。

坚持的“三个制度”是：

一、区乡领导干部任期目标责任制。从 1987 年起，区乡党政一把手共同向县委、县政府签订责任书，然后再将自己的任期目标向下分解，层层落实。一是向党政副职和部门干部分解，二是向村干部分解。每年七月由乡镇进行自查，县进行抽查，年终县进行普遍检查，总结评比，奖优罚劣。

二、厂长、经理离任审计制度。即对国营、集体工商企业、乡镇企业的厂长、经理离任办理移交手续前，实行离任经济责任审计。主要审计：经营思想、经营决策和经营方向；经济效益是否真实，国家、集体、个人三者关系处理是否得当，企业家底是厚了还是薄了。该县从 1986 年 8 月开始实行这个制度，先后审计了 5 个企业，都取得了较好效果。

三、干部考核评估制度。县委规定，每年年终结合总结工作，对全县各级各单位干部进行民主评议。具体方法是：首先进行民意测验，根据群众评议结果，组织人事部门进行综合分析，然后再得出比较公正的评价。

对于抚宁县委考核干部的做法，省委、市委给予了充分的肯定。1987 年 6 月上旬，河北省委书记邢崇智同志来秦视察，听了县委书记张力对这一做法的汇报后，邢崇智同志说：“这种对干部考核的做法很好，在河北具有普遍指导意义，应加以推广。”随即《河北日报》在头版报道了抚宁县考核干部的经验。1987 年 8 月 25 日，省委办公厅在《情况简报》上详细介绍了抚宁县委的上述做法。现在看来，抚宁县的这一具体做法仍然值得推广。

秦皇岛市治理社会政治环境的经过

1988年9月，党的十三届三中全会之后，秦皇岛市遵照全会指示精神，在全市范围内开展了整顿经济秩序、治理经济环境的活动。到该年冬，整顿、治理工作已有了个好的开端。但在这段整顿、治理过程中，深深感到社会政治环境不利于经济环境的治理。主要表现在：一是资产阶级自由化搞乱了一些人的思想，部分人思想比较混乱；二是社会治安形势比较严峻，各种刑事案件呈现上升趋势，敌对分子蠢蠢欲动；三是少数党政机关干部存在着腐败行为；四是职业道德和社会公德方面还有不少问题。鉴于上述情况，有必要在整顿经济秩序、治理经济环境的同时，开展治理社会政治环境的活动，为治理经济环境创造一个良好的社会政治环境，使两者密切结合、相互促进。这就是市委提出治理社会政治环境的起因。

那么如何开展社会政治环境治理活动？必须拿出一个可行的方案。于是白芸生利用1989年春节假日，关起门来在机关整整待了三天，进行冷静的思考，并写出了《集中治理社会政治环境的初步构想》。春节过后，他将初步构想提交到市委常委会议研究讨论。市委常委同志们经过认真研究，一致认为开展治理社会政治环境十分必要，并同意开展这一活动的初步构想，同时作了必要的补充，形成了开展这一活动的市委安排意见。对于治理社会政治环境的提法，为了慎重起见，会后市委办公室主任游一兵同志请示了省委办公厅，办公厅负责同志答复“这个提法尚未见到，但我们认为没有错误”。随即游一兵同志又询问了《河北日报》《人民日报》等单位，答复均和省委办公厅说法相一致。于是就把这一提法确定了下来。就在这时见到了当时党中央一位领导人在中央工作会议上的讲话，在讲话中明确提出：“在整顿经济秩序、治理经济环境的同时，必须十分注意社会政治环境和舆论环境的治理和建设。”看来市委治理社会环境的想法和安排符合中央工作会议精神。于是市委于1989年3月8日召开了集中治理社会政治环境动员大会，白芸生代表市委作了“治理社会政治环境，推进全市精神文明建设”的动员报告。这一活动从3月8日开始到6月底集中进行了4个月，收到了明显的效果。既促进了整顿经济秩序、治理经济环境的深入开展，也使社会政治环境得到较好的治理。在这期间，1至7月份工业总产值比上年同期增长13.7%，财政收入增长16.9%；全市零售物价指数下降了12.4个百分点，一批计划外楼（堂、馆、所）相继下马。暑期没有发生重大恶性案件，盗窃、流氓滋扰等案件较上年同期下降了26%。破获各类刑事案件741起，查处审结经济案件43件，挽回国家和集体经济损失130多万元。同时在北京政治风波期间，全市没有发生打、砸、抢、烧事件；6月初在秦召开的全国木材订货会议，没有受到干扰；7月初亚运会水上项目国内选拔赛在秦顺利举行；在北戴河举办的中外客商参加的全省工业品展销会如期举办。并且5、6两个月工业生产仍然保持了上升幅度，地处要津的秦皇岛港口吞吐量创出历史同时期的新纪录。

在开展这一活动期间，中共秦皇岛市六届十次全委会还作出《治理社会政治环境，推进全市精神文明建设》的决议。省委办公厅、省委宣传部通报了秦皇岛市开展这一活动的做法。《河北建设》1989年第9期以《秦皇岛市委在治理经济环境的同时，努力创造好的社会政治环境》为题，详细介绍了开展这一活动的做法。现在回过头来看，1989年暑期过后，如能把治理社会政治环境这一活动继续开展下去，再搞一年左右将会取得更好的效果。

现将中共秦皇岛市委员会关于治理社会政治环境的安排意见（摘要）编入本书。

中共秦皇岛市委
关于治理社会政治环境的安排意见（摘要）

（一九八九年三月一日）

市委决定在搞好治理经济环境的同时，从今年3月份开始系统地开展以社会主义精神文明建设为主线，加强廉政建设，深入开展形势教育，综合治理社会治安和进行职业道德、社会公德教育为重点的社会政治环境的治理活动。

一、治理社会政治环境的必要性

去年的中央工作会议曾明确指出："在整顿经济秩序、治理经济环境的同时，必须十分注意政治环境和舆论环境的治理和建设。"这一重要论述，从理论和实践的结合上科学地阐明了治理社会政治环境的必要性，以及治理社会政治环境与治理经济环境的密切关系。实践证明，社会政治环境与经济环境是相互渗透、互相促进、互为一体的。治理好社会政治环境，就能为治理经济环境创造一个良好的思想政治条件。

二、治理社会政治环境的主要内容和方法步骤

——开展"建设廉政机关，争做廉洁干部"活动，反对腐败行为。发动全市各级党政机关党员、干部联系实际开展"四查"：即查不廉洁问题，查容易滋生腐败现象的漏洞，查违法违纪案件，查领导执纪不严格的失职行为。在做法上，强调领导机关、领导干部一定要带头，以身作则，同时坚持"三公开"：一是向全市人民公开党政机关廉政建设的规定和制度，作为党政干部遵守和广大群众监督的依据；二是把不廉洁的人和事公布于众，接受群众的评说、监督；三是抓紧重大案件的查处，并将处理结果公开，使广大群众增强搞好廉政建设的信心。在边查边纠的基础上，各单位联系实际完善切实可行的廉政建设措施，加强制度建设。制度建立后，按月检查，狠抓落实。

——开展群众性的"说十年、谈当前、议今后"活动，把形势教育引向深入。开展群众性的"说、谈、议"活动，是形势教育的深入，是以广大干部群众为主角开展形势教育的一个有效的方法。总的指导思想和要求是：通过这段群众性的"说、谈、议"自我教育，为全市努力营造一个思想统一、坚持改革、团结奋进、民主和谐的政治局面。

开展"说、谈、议"活动的内容和基本方法："说"，就是让干部群众回顾改革十年的历史，联系实际说十年来我们国家、我们省、我们市和

各单位以及每个家庭发生的巨大变化，理直气壮地把改革成果讲足讲够，使广大干部群众坚信党的领导、坚信党的路线是正确的，从而坚定治理、整顿和深化改革的信心。“谈”，就是发动干部群众谈我们在改革中遇到的困难和问题，分析其原因，谈解决问题的办法及每个人应持的态度，引导人们用历史的、唯物的、辩证的、实事求是的观点，正确对待改革，正视困难，增强对改革艰巨性、复杂性的认识，振作精神，树立克服困难、战胜困难、夺取改革胜利的勇气。“议”，就是发动干部群众一起议在当前形势下，如何同心同德，团结奋进，同舟共济，齐心协力，克服困难，争取美好的前景。通过这一活动，在全市干部群众中努力营造一个自我理解、自我认识、自我教育、自我提高、自觉投身治理整顿和深化改革的社会气氛，保证治理、整顿和深化改革的顺利进行。

——整顿社会治安，稳定社会秩序。首先，要求各级领导在思想认识上实现“三个转变”：一是由重视经济建设，忽视法制建设，转变为“两手抓”；二是由重视集中打击，忽视综合治理，转变为以综合治理为主，把综合治理和集中打击、集中整顿有机地结合起来；三是由单纯依靠公安机关维护社会治安变为各行各业齐抓共管。其次，建立“三道防线”：一是在秦皇岛市与友邻地区的交通要道口设立常设检查站，卡住犯罪分子活动的往来要道；二是在市内、县、区之间设立临时安全检查站，各自把好关口；三是建立由厂矿、乡、村、街道组成的护厂、护村、护街的防线，加强日常治安巡逻。再次，健全“三支队伍”：一是整顿公安干警和市武警部队，使之成为一支觉悟高、素质好、战斗力强的主力军，重点加强对市区主要街道、繁华公共场所的治安巡逻；二是组织一支配合公安、武警巡逻值勤的治安联防队和民兵队伍；三是建立以街道、乡村治保、民调组织为主的防范队伍，维护好居民区和街道安全。最后，巩固“三个宣传阵地”：一是由司法机关组织的包括报社、电台、电视台在内的法制教育宣传阵地，充分发挥舆论宣传的作用；二是机关企事业单位和学校的思想教育阵地；三是家庭对青少年的教育阵地。

——深入开展职业道德和社会公德教育，促进社会风气进一步好转。

从总结各行各业职业道德和履行社会义务情况入手，肯定成绩，找出差距，针对存在的问题，制定和完善职业道德和社会公德规范，有效地组织实施。不论哪级党政机关都必须忠于职守、清正廉洁、公正无私、当好公仆。不论哪个行业，都必须奉公守法、风格高尚、公平交易、信誉至上、礼貌待人、服务周到。全社会都要提倡助人为乐的雷锋精神，对事业无限忠诚，对同志极端热忱，对工作精益求精。

三、切实加强领导，抓出成效

治理社会政治环境，是一项涉及面广、任务艰巨的庞大社会系统工程，涉及党政群团各级组织和各行各业、各个部门，各级党政领导必须高度重视，统筹安排，切实加强领导，同心协力抓好这项工作。

——层层建立领导小组，实行严格的责任制。治理社会政治环境是各级党委和政府的共同任务，要以党委为主，各级党政领导有人主抓，组织有关部门，建立起领导小组，实行统一的领导和协调，有计划、有步骤地进行。市委决定，成立秦皇岛市治理社会政治环境领导小组，由白芸生同志任组长，朱桂英、杨玉忠同志为副组长，李荣海、陈力生、王瑞东、刘朔全、张玉书、高兰栓、李惠启、董连兴为小组成员，领导小组办公室设在市委办公室，李荣海同志兼任办公室主任。按照治理社会政治环境的四个重点，市委确定市纪委、宣传部、政法领导小组办公室、精神文明建设办公室四个部门为牵头单位，具体负责治理方案的实施。各县区委、政府，市直机关工委、企业工委和开发区党委要参照市委的做法，分别建立相应的领导小组。各部门、各单位也要明确一名主要负责同志专门抓。从上到下，层层有人抓，一级抓一级，实行严格的责任制。要把各项任务、指标逐级分解，具体落实到部门、落实到责任人。全市和各系统要定期组织检查，切实抓好落实，防止走过场。治理社会政治环境是各级党组织和共产党员义不容辞的责任，要向各级党组织和每个共产党员提出严格要求，每个共产党员要时刻牢记自己是一名共产党员，不能混同于普通老百姓，要切实发挥党支部的战斗堡垒作用和共产党员的先锋模范作用。

——密切联系实际，制订具体实施方案。各县区、各单位要从本地、本部门、本单位的实际情况出发，按照全市实施方案，尽快制订出自己切实可行的具体方案和实施意见。形势教育、廉政建设、社会治安和职业道德、社会公德教育五个方面的工作，各地、各部门、各单位都得同时抓，不能先抓这项后抓那项，也不能光抓这项不抓那项。但是，各地、各部门、各单位的情况不同，除社会治安集中打击必须全市统一行动外，其他工作自行安排，穿插进行。五个方面的工作因各单位情况不同，也应该有所侧重，哪方面问题多则多下些功夫抓。一般地说，党政机关要重点抓好形势教育和廉政建设；公安政法部门要内抓廉政、外抓治安；商业服务行业重点抓好职业道德教育；学校重点抓好社会公德教育；厂矿企业和广大农村、街道重点抓好形势教育和社会治安。总之，各地、各部门、各单位重点抓什么，怎么抓，抓到什么程度，都要有具体安排和明确要求，并且要真抓实干。同时还必须指出，在确定目标时，要实事求是，不要定得太高，以免在较短的时间内达不到，影响群众的积极性。就全市说，四个月的集中治理，只能为创造良好社会政治环境奠定一个扎实的基础，暑期后要转入正常工作，常抓不懈。

——抓好典型，及时总结推广先进经验。治理社会政治环境是一项非常重要而又必须解决的新课题，现在全国各地都在积极探索解决这个问题的办法和有效途径。我们能否抓出成绩、收到实效，有待于各级、各部门在实践中不断大胆地探索。我们既要注意吸收外地的有效措施和办法，更要认真总结我们自己成功的典型经验。各级领导干部要深入基层，到群众中去，依靠和发动大家群策群力，创造和总结新的经验，用各种典型经验指导方方面面的治理工作。在工作中一定要实事求是，讲究实效，切忌做表面文章、搞形式主义。总结先进个人的模范事迹，既要实事求是，又要体现领导与群众的支持和帮助，注意不要把先进个人与群众、领导或集体领导分割开来，避免造成先进者孤立的局面。抓典型，既要抓正面的，也要抓反面的。用正面的典型指导推动面上的工作，用反面典型和案例教育群众，教育全党。

——各方面密切配合，搞好舆论宣传。抓好治理社会政治环境的四项重点工作，舆论宣传的引导和监督作用非常重要。各新闻单位要认真总结经验，在继续搞好经济环境治理整顿宣传的同时，在这段时间内，还要搞好治理社会政治环境的宣传工作。一是按照市委的部署，有计划、有针对性地及时将市委及有关部门的工作动态、治理效果进行报道，配发一些必要的评论和教育材料，搞好舆论引导，动员全党和各个方面同心协力搞好这次治理社会政治环境工作。二是适时宣传各级、各行业有关廉政建设的规章制度和好的经验，号召群众加以监督，给予支持，增强工作透明度。三是大力宣传忠于职守、清正廉洁、互助互爱、文明服务的社会主义新风尚和先进人物的先进事迹。及时报道重大案件的处理结果，使广大群众坚定惩治腐败行为、打击各种犯罪活动的信心。新闻、宣传工作要努力防止片面性、绝对化。对那些十分敏感的涉及干部、群众切身利益问题的宣传，一定要慎重。要从有利于稳定全局、促进安定团结出发，尽可能把工作做得扎实一点、平稳一点。对重大问题，必须履行送审和请示制度，以更好地发挥舆论宣传的引导和监督作用。

——统筹安排，搞好协调。当前的工作很多，治理经济环境、整顿经济秩序的任务还很繁重，市委提出治理全市社会政治环境，并不是说秦皇岛市的经济环境已经治理得差不多了，可以放一放了。治理经济环境、整顿经济秩序，是中央提出的今明两年改革和建设的重点，绝不能、也不应该放松。治理社会政治环境与治理经济环境是辩证统一的，两项工作结合进行将会收到互相促进、相得益彰的效果。只要抓好了这两项治理，就可以稳住大局。

推动廉政建设的一项有效做法

在廉政问题上，我们绝不能也不应该无所作为，既要有充分的信心，又要探索一些有效的做法。中共秦皇岛市纪律检查委员会（以下简称纪检会），在市委的领导下，从1985年7月开始的查处剖析典型案例，总结经验教训，进行党性、党风、党纪教育，剖析一案、教育一片的做法，是一项推动廉政建设有效的好方法。在开展这一活动中，坚持查处案件和剖析典型案例，总结经验教训，建章立制，堵塞漏洞相结合。而且连续几年，坚持不断，收到了显著的效果，有力地推动了廉政建设。

从1985年1月起到1988年年底，共立案查处违纪案件1880余起，处分党员1290名。其中，剖析典型案例20余起，受教育4万余人次。对于开展这一活动，中共河北省纪律检查委员会和中央纪律检查委员会给予了充分肯定，并分别在全省和全国介绍了秦皇岛市的这一做法。

一、开展这一活动的起因

开展这一活动是出于对秦皇岛市当时廉政状况的估量。1984年秦皇岛市被党中央和国务院列为沿海进一步开放城市之后，在新的形势下，廉政建设不但仍然是一项突出的问题，而且比进一步开放前更为突出。正如邓小平同志明确指出的：开放、搞活，必然带来一些不好的东西，不对付它，开放、搞活就会走到邪路上去。（《学习十三大报告问题解答》205页）当时秦皇岛市的情况正是如此，一方面广大党员、干部和人民群众以极大的热情投身于改革开放的大潮，在改革开放中取得了一个又一个胜利。另一方面，不正之风和违纪、违法经济案件不断发生。主要表现在：一是党政机关经商风来得很猛，1984年市直各机关先后办起各类公司338个，动用公款和银行贷款1055.4万元；参与经商的党员、干部多达37213人。这些公司凭借机关名义，套购国家紧缺物资和紧俏商品，转手倒卖，牟取暴利，然后按股私分。一年之内就获利554.9万元，私分300余万元，在群众中造成了极为不良的影响。二是滥发奖金、实物成风，不仅在挖国家的“墙角”，还会把职工引向“一切向钱看”的歧途。三是经济犯罪活动猖獗，到1985年7月已立案33起，贪污盗窃和诈骗金额从几万元到几十万元。

上述问题，虽然性质不同，但不是孤立发生的。前者机关经商的混乱局面，为经济犯罪提供了机会。后者经济犯罪分子又给了一些搞不正之风的甜头。不仅干扰了经济建设和经济秩序，也严重地影响了廉政建设。

面对以上情况，秦皇岛市纪检会认为就事论事单独处理案件，既不能紧密联系案情实际教育党员和干部，也难以发现工作中的漏洞，更不易看清不正之风和违纪、违法案件中一些必然的内在联系。因此，经研究，报请市委同意，决定在全市范围内采取剖析不同典型案例的做法，以达到剖析一案、教育一片、建章立制、堵塞漏洞的目的。

二、具体做法

开展这一活动的具体做法分为：研究分析筛选案例，召开大会进行剖析，组织党员、干部开展讨论和建章立制、堵塞漏洞四个步骤。

（一）筛选案例

筛选案例采取市纪检会推荐，市委组织有关部门参加集体选定的做法。1985年7月开展这一活动后，到当年11月底，先后集体进行了4次案例筛选，筛选出6个不同类型的案例。

第一次筛选案例时，针对当时机关经商成风，一些党员、干部个人私欲膨胀，以权谋私的情况不断发生等，选定剖析市燃料公司索贿受贿案件（索贿受贿56000元）。剖析这一案件有普遍的现实教育意义。一是性质严重，手段恶劣。他们打着改革开放、搞活的旗号，内外勾结，伪造凭证，索贿受贿，违法经营，具有很大的欺骗性。二是内外矛盾交错，问题复杂。既有违法犯罪，又有不正之风；而且案中套案，互相交错。三是案件涉及面广。既有公司党政领导人，又有干部、工人参加；既有幕前以身试法的，又有幕后拍板的。案件涉及19人，其中党员11人，有老党员，也有新党员，有的老党员曾在战争年代多次立功受奖，如今却经不住金钱的诱惑。

通过剖析这一案例，收到了积极的教育效果。使广大党员、干部认识到，当前不正之风突出表现在以权谋私上，其思想根源是个人私欲膨胀。一些人由不正之风发展到经济犯罪是私欲膨胀的必然结果。要想保持清正廉洁，必须增强反腐蚀的自觉性。

同年 9 月，针对当时一些单位起用一些来路不明的人，给改革开放和经济建设造成的损失，市委组织有关部门又集中研究了一批诈骗案件，从中选出 3 个典型案例：一是内蒙古呼伦贝尔盟姚希国诈骗案，在秦皇岛市骗取贷款 39 万元；二是锦西县杨立柱等 7 人，在秦皇岛市签订假合同，骗取金额 33 万元；三是北京市史延林在秦皇岛市骗走现金实物计款 2 万余元。

诈骗犯姚希国于 1984 年窜入秦皇岛之后，谎称是共产党员、少数民族、出身于高干家庭，自己经营木材生产，买卖兴隆。骗取了市美术二厂厂领导的信任，被聘任为该厂附属木材经销公司经理。姚犯取得合法身份后，大肆行骗，骗取银行 39 万元巨额贷款后，逃之夭夭。诈骗犯史延林，谎称自己是全国体育明星、全国古典式摔跤“四连冠”，他的亲戚在香港做生意，可以为朋友兑换外汇券等。对此北戴河某单位一些人信以为真，给其住高级房间，吃上等饭菜，分文不取。他们之间称兄道弟，打得火热。史犯用盗窃的该单位物品，给本所职工送礼，致使一些人见利忘义，为史犯诈骗开了方便之门。诈骗犯杨立柱等 7 人，有 3 人是刑满或劳教释放犯，杨本人是通缉在逃犯。然而北戴河某乡领导人把这些人视为“能人”，委以重任，直至他们的罪恶行径暴露之后，才恍然大悟。

通过剖析 3 个诈骗案例，使广大党员、干部再次受到了极为深刻的教训。大家认识到诈骗分子的犯罪活动之所以能够得逞，就他们采取的手法而言：一是靠谎言欺骗他人；二是靠少量财物打通环节；三是取得合法身份后，进行行骗。就我们内部来说：一是思想麻木，上当受骗；二是管理制度不严，使罪犯有机可乘；三是一些同志见利忘义，丧失立场，为犯罪分子开了绿灯；四是认贼为友，用人不当。大家表示，一定要秉公办事，提高警惕，严防上当受骗。

同年 10 月，针对一些厂矿企业管理不严，制度不健全，被一些不法分子钻了空子，给经济建设造成了损失的情况，市委决定剖析耀华玻璃厂和山海关桥梁厂两个贪污盗窃案件。耀华玻璃厂房产科工段长张明伙同两名副工段长，从1984年8月至11月，承包厂内7项工程，其中5项包工包料，2项只包工不包料，从包工不包料的工程里偷材料用于包工包料的工程上，从中贪污25000元。因盗用的材料没有发货票拿不到现金，便采取内外勾结，编造假工资表取而代之，买账户提取现金。他们还转让承包工程合同，从中索贿4800元。除了钻企业管理上的漏洞外，还用金钱拉拢支部书记 ××× 下水，充当保护伞，并买通材料员大开绿灯。

山桥厂设备科计划员魏廷国，在1981年至1984年间，利用工作之便，从厂内三个车间开出焊枪、自动和半自动焊嘴等价值25000多元的提料单，以此为"实物"，通过衡水、北京、昌黎、山海关等地的关系户开出空头发货票，同厂里结算，然后将厂里汇去的款再转汇到其子开办的"山青厂"进行贪污。

公开剖析这两起案件，在全市特别是企事业单位引起很大震动。人们过去一直认为，耀华玻璃厂和山海关桥梁厂是老企业、先进单位，基础好、管理严，不会出问题。但现在也出现了经济大案。事实告诫人们，犯罪分子是无孔不入的，思想麻痹不得。

1986年和1987年，市委又针对各个时期出现的不同问题，连续剖析了若干不同类型的典型案例，不再一一列举。

（二）大会剖析案例

大会剖析案例采取了和大会处理、宣判相结合的方式。大会程序因案情而定，属于违纪案件的，一般是先由主管部门介绍案情，然后宣布处理结果，最后由市领导进行案件剖析。如是违法案件，先由法院宣布判决，将罪犯带出会场后，然后由市领导进行案件剖析。

剖析案件，包括案情来龙去脉、有关部门和个人应负的责任以及经验教训。同时表彰敢于同违法、违纪行为作斗争的人和事。

采取大会剖析案例，其好处在于：一是对犯罪分子造成强大的政治攻势，促使其进一步坦白交代自己的罪行；二是可以扩大党员、干部受教育面；三是为下一步组织党员、干部讨论案例提供依据。

（三）组织党员、干部讨论案例

这一活动按顺序放在大会剖析案例之后。其内容主要是围绕案例进行“三对照”，即：对照案例吸取教训，看自己的党性和工作责任心强不强，秉公办事和遵纪守法的观念树得牢不牢，执行纪律和制度严不严。涉及和案件牵连的人和事，有关人员还必须当众把有关问题说清楚，并挖掘思想根源。广大党员、干部通过讨论案例、对照案例吸取教训，从而提高了思想觉悟，自觉地解决好苗头性的问题。如轻机厂汽车队 1985 年曾将应上交的交通建设资金 3190 元，作为奖金发给了职工。在“三对照”中党支部书记姚增甲带头，联系自己主动对这件事情作了检讨，认识到这是党性不强、纪律观念淡薄的表现。在他与全体党员带动下，全队职工退回了这笔钱。山海关桥梁厂物资科党支部通过剖析案例活动，发动党员、干部揭摆了本科业务往来中的不正之风，论危害，挖根源，提高了抵制不正之风的自觉性。

（四）建章立制，堵塞漏洞

针对全市经济案件中暴露出来的问题，市委、市政府组织力量，进一步作了调查研究，从管理上、制度上找漏洞，健全规章制度，加强管理。从 1985 年下半年开始，用了近一年的时间，在全市范围内，从八个方面进行了整顿，加强了管理。

1. 由人事局牵头，组成调查组，对市直 32 个局下属的 103 个单位的政工机关和政工干部状况进行了调查。在调查中发现有 24 个单位政工干部缺额多，一些政工干部素质差。而且多数机构制度不健全，工作职责不明确，因而这些单位的思想政治工作十分薄弱。为此，市委采取了四条措施：一是配齐了政工干部缺额；二是明确一名党组副书记、副局长主抓党的工作和思想政治工作；三是层层建立党务干部和政工干部岗位责任制；四是对党务干部和政工干部分三期进行了培训，使市直机关的党的工作和思想政治工作得到了加强。

2. 由工商局负责对全市各类新办企业进行了审查和清理。共清查了

529户企业，其中对102户违法经营者吊销了营业执照，收回印章152枚。并针对清查的问题，建立了相应的管理制度（包括营业执照的发放、印章监制等），统一印发了开业申请登记表，颁发了企业负责人及财务负责人身份证。同时颁发了工商管理人员《工作守则》。

3. 由审计局牵头，组成调查组对有关企业发货票据的使用和管理进行了抽样调查。发现有的弄虚作假，不据实开票；有的出卖、转让、转借发货票；有的白条代替发票等，非常混乱。为此，制定了发货票据的印制、登记、销售、使用和管理制度。

4. 由市财政局负责调查了市属国营、集体企业的会计人员情况，发现4648名会计人员中，有1305人没有取得会计证，同时会计人员缺额较多，而且相当一部分人素质差，政策、法制观念淡薄。据此，依据《中华人民共和国会计法》建立了各级会计管理机构，负责对会计人员的管理、培训和考核工作。并规定今后对于丧失原则、违反财会纪律者，收回会计证，撤销其技术职称。情节严重者依法追究责任。

5. 由工商局等单位负责对仓储租赁情况进行调查，发现仓储租赁管理工作混乱。全市32个仓储经营单位，仅7个有营业执照，租赁价格相差悬殊。有的每年每亩收费600元，有的收2000元，甚至有的转手租赁，从中牟利，坑害国家。为此，市政府成立了仓储管理处，对全市仓储经营实现统一管理，统一服务，统一收费标准，统一规章制度。

6. 加强了现金管理。针对有的库存现金超过规定限额，套取和坐支现金以及借用账户支取现金等，金融系统制定了现金管理八条措施。并坚持贷款前调查、贷中审查、贷后检查，堵塞了漏洞。

7. 加强了经济合同公证工作。针对逃避公证、不请公证、弄虚作假骗取公证，导致诈骗案不断发生的情况，市政府采取了三条措施：一是加强依法公证的教育；二是批准三区建立公证处；三是制定了经济合同执行公证的规章制度。

8. 加强了企业的采购工作。针对企业采购工作中出现的问题，推广了山海关桥梁厂对采购人员的约法四章：一是采购物资不舍近求远；二是不舍批求零；三是不舍优求劣；四是不舍廉求贵。并要求“货比三家”，不搞关系学，不优亲厚友。

建章立制，堵塞漏洞，从制度上促进了廉政建设，加强了管理。

通过剖析案例，推动廉政建设，形成了全党抓党风的可喜局面。到1986年全市已有25个县级以上的单位开展了这一活动，均收到了明显的效果。

三、几点体会

通过开展剖析案例，推动廉政建设，大家体会到：

（一）在改革开放的新形势下，廉政建设仍然是一项突出的任务，任何掉以轻心和无所作为的态度都是不正确的。既要看到问题，又要有信心去解决，真抓实干就大有希望。只要认真去抓，方法得当，就一定可以抓出成效。

（二）必须把廉政建设与贯彻党的方针政策联系在一起，统一去做，才能既坚持改革开放、搞活，发展商品经济，又保持党员、干部的思想作风的纯洁性。否则，如果把两者对立起来，搞什么“经济要上，纪律松绑”等，必然导致对各种不正之风的纵容、放任以致随波逐流、同流合污。

（三）抓廉政建设，既要重视思想教育，又要严肃纪律，才能收到应有的效果。否则，效果不会太好。要加强思想教育，但不能单纯依靠思想教育。大案要抓，其他违法违纪案件也要抓，抓一案、剖析一案、查处一案，坚持从严治党，才能树党风、带民风。

（四）抓廉政建设，既要从当前抓起，又要长期抓下去。集中抓一段很有必要，但不能一劳永逸。必须一步步抓下去，常抓不懈。

中共秦皇岛市委关于重申少宣传领导个人的起因

1986年已进入进一步开放的第三个年头，随着改革开放的发展，各级领导涉外活动更加频繁，宣传报道本市各级领导个人活动的工作量越来越大。同时也出现了一些不适当地突出个人的宣传报道。为此，市委于1986年发出65号文件，重申少宣传领导个人的通知。“通知”指出：不适当地宣传个人，容易使领导干部滋长官僚主义，造成脱离群众的不良影响，不利于在党内外进行马克思主义唯物史观的教育，不利于促进党风的根本好转。为此，“通知”重申：

一、重申党中央有关指示精神，我们的报刊、电台、电视台要“多宣传马列主义、毛泽东思想，多宣传社会主义制度优越性和工、农、兵、知识分子为四化奋斗的成就，多宣传党的政策、方针和决议，少宣传领导个人的没有重要意义的活动和讲话”。市委对这一方针贯彻落实情况，每年至少要检查一至两次，切实防止“突出个人”的宣传。

二、从现在起，凡有颂扬县级以上主要领导干部内容的有关稿件，未经市委有关领导审阅，不要擅自发表。

三、少宣传个人的问题应引起全党的重视。今后除党代会、人代会、政协全委会和其他全市性的重要会议，以及与会领导人的活动、讲话外，对于市、县、区召开的各种业务性会议及有关领导人的一般性活动和讲话，尽量少报道或不报道，应由新闻单位遵循新闻规律和少宣传个人的精神酌情处理。各级党的组织和领导同志要尊重他们的意见，不要随意干预。

谋划秦皇岛发展战略的前前后后

一、谋划《发展战略》的起因

1984年4月，秦皇岛市被国务院批准为沿海对外开放城市之后，党中央和国务院以及省委、省政府对秦皇岛市的改革开放极为关注，给予了亲切关怀和及时指导。希望秦皇岛从本地实际情况出发，搞好各项工作。然而，当时秦皇岛市的各级领导由于对外开放的思想准备不足，仓促上阵，对于秦皇岛市的发展究竟走什么路子、建成一个什么性质的城市等，一时未能理出个头绪。因此，市里各界人士建议尽早探讨秦皇岛市的发展方向。

1985年1月17日，在秦皇岛市改革开放的关键时刻，河北省委召开了秦皇岛市工作汇报会，市委主要负责同志均赴石出席了这次会议，白芸生也被通知到会。会议期间，省委宣布白芸生出任秦皇岛市委书记。在这次汇报会上，省委对秦皇岛市的工作一分为二地进行了评价，在肯定成绩的同时，也指出了存在的问题。其中指出的一条就是“对本市情况没有完全弄清楚，如秦皇岛在河北省处于什么地位，在全国处于什么地位，怎么搞法？市委领导思想上并不十分清楚”。省委的指示切中了当时秦皇岛市工作的要害。对此，市委进行了认真的考虑。在同年3月5日，市委向省委的报告中明确表示：要通过调查研究，确实搞清秦皇岛市的市情、特点、所处的地位、作用以及发展趋势，以便从实际情况出发搞好各项工作。这就是谋划《秦皇岛市2000年经济技术社会发展战略》（以下简称《发展战略》）的主要起因。

再就是，作为80年代的城市，特别是对外开放城市，既要有《城市建设总体规划》，也要有《发展战略》，还需要有《环境保护规划》，三者互为一体，缺一不可。秦皇岛市《城市建设总体规划》已于1985年3月规划完毕，上报审批。当时谋划《发展战略》也提到了议事日程。这也是促使谋划《发展战略》的一个起因。

根据市委3月5日向省委的报告精神，于1985年4月10日由白芸生出面召开了市人大、市政府、市政协、市纪委负责同志会议，提出谋划《发展战略》，征求大家意见。大家一致同意后，于当月16日市委常委会议专题研究讨论这件大事。在这次市委常委会议上，正式作出谋划《发展战略》的决定。随后常委会议又作出建立秦皇岛市发展战略调研工作领导小组（以下简称领导小组）的决定，白芸生任组长，市委副书记、市长顾二熊，市人大常委会主任许斌，市政协副主席赵铭等同志任副组长，主管这项工作①，下设专业调研组，由徐淳负责，做具体工作②。会后邀请清华大学经济管理学院几位师生参与了调研组的工作③。

谋划《发展战略》涉及面广，任务繁重，是一项庞大的系统工程，必须明确一个主办单位，担负起研究战略的组织工作。哪个单位主抓为好？当时白芸生经过反复考虑，提议将研究战略的组织工作交市政协承担，市委常委会议同意了白芸生的意见。市政协对于研究《发展战略》非常重视，市政协原主席赵衡同志和新出任政协主席的李健同志认为，市政协担此重任是比较合适的，积极支持市委的安排意见。赵衡同志还认为赵铭同志主抓这项日常工作最合适，并积极地进行了推荐。实践证明，选择研制《发展战略》的具体承办单位，对于顺利完成这项研制重任极为重要；政协担此重任，是对的。决定由市政协承担具体组织工作之后，及时从各部门抽调了13名干部组成专业调研组。同年5月15日，赵铭同志及调研组全体成员到达岗位开始工作。

在开始谋划《发展战略》时，有些同志提出：许多地方搞的是经济发展战略，为什么我们要研制《经济技术社会发展战略》？当时我们考虑得比较简单，没有多在学术问题上纠缠。认为，就其学术概念来讲，经济、

---

① 秦皇岛市战略调研工作领导小组成员是：组长白芸生，副组长顾二熊、许斌、赵铭、田玉成、杨兴民、石春贵、李永谆，成员王广琪、徐淳、杨乃正、金夏春、刘国安、孙绍先、王俊春、孙供宵、吴振远。

② 秦皇岛市宏观经济调研组成员是：组长徐淳（兼），副组长宋继森、郭传明（执笔），成员连少年（执笔）、安克功（《今日秦皇岛》执笔之一）、杨永胜、王宝利、刘鸿飞、王昌龄、张文甫、李三练、孙卫国、刘英侠。

③ 清华大学经济管理学院参与研究《发展战略》的师生是；黎诣远（副教授）、王瑞（讲师）、杨子立（讲师）、王鹏（研究生）、于江鸿（研究生）。

技术和社会三者各有其独特的含义，然而在发展战略问题上却是互为联系、不可分割的统一整体。经济发展，不能避开技术进步。同时，经济发展为社会所需，而在物质资料生产力发展过程中，又形成与一定生产力发展程度相适应的生产关系。因而还是一并研制三位一体的发展战略为好。

二、研制战略的方法、步骤、内容

要正确地进行战略研究，必须制定科学的研究战略。大家都是第一次参与战略研究，没有经验，为此，调研组抽出几名同志分赴沈阳、天津，学习了研制战略的基础知识。6月11日，召开了市领导小组第一次会议，通过了赵铭同志主持起草的调研工作计划。6月12日，市委将此计划下发三区、四县和市直各单位。工作计划要求在具体方法上要做到“五个”结合:

（一）领导、专家与实际工作者相结合。强调各级领导身先士卒参与谋划，市级领导都参与总体谋划，各副职还要参与分管战线的课题研究；同时要充分发挥专家、学者、政协委员、各民主党派的作用；并动员广大实际工作者踊跃参加，兼听各方面意见、建议和设想，取众家之长，集群众智慧之大成。

（二）专业班子与市直各部门负责人相结合。按照出题目、分任务的原则，专业班子提出专题，各业务对口部门进行专题调研，明确专人负责写出专题材料或论文，并要组织广大干部群众积极参与战略大讨论，保证专题研究不走过场。

（三）市内调研与市外调研相结合。以调查研究本市的今昔为基础，有选择地与其他沿海城市进行对比分析，尤其要调查研究分析渤海湾钳形态势和区域经济对我市发展的有利条件与制约因素，开阔视野，寻求对策，并征求中央、省有关部门或领导同志对我市发展的意见，力争做到战略研究高屋建瓴。

（四）研究国内与分析国外相结合。在充分研究我市在国内所处的地位及作用的同时，积极搜集国外资料、信息，认真分析世界新技术革命的浪潮对我国开放城市的冲击及其要求；分析国际经济技术发展动向及趋势，研究国际环境下的新对策。

（五）定性研究与定量研究相结合。两者互为基础和条件，又互相制约，力求定性准确、定量有据。

在战略的步骤上，是先搞总体战略，还是先搞分战略，曾有过不同意见。经过认真分析研究，参照北京、沈阳的做法，认为先搞总体战略，初见眉目后再搞县、区分战略为好。战略步骤，当时安排为六个阶段：

（一）进行组织准备、技术准备。成立谋划战略的有关组织，学习有关知识，制订工作计划，拟定调研提纲，进行部署动员。

（二）专业班子搜集、汇总、分析资料，为研究战略提供依据。同时，邀请专家作学术报告，并利用宣传工具大力宣传制定《发展战略》的重要性、迫切性。

（三）广开言路，开展《发展战略》大讨论。几上几下反复研讨，步步深化。

（四）市专门班子根据研讨情况，进行汇总、归纳，提出总体战略的初步设想，作为《发展战略》的初稿。

（五）组织多层次、不同范围的研讨。力求对市情、市力的分析，对战略思想、战略对策、战略重点、战略目标等重大问题认识上逐步趋于一致。在此基础上，进一步深化、完善战略设想，作为《发展战略》第二稿。

（六）邀请专家、学者和各方面代表对《发展战略》第二稿进行论证，研究其可行性和实用性。再修改，再深化，形成《发展战略》第三稿。第三稿形成后送市委审议修改，然后送市政协协商，协商中再作必要的修改。定稿后由市政府报请市人大常委会审议。

在研讨的内容上，开始时白芸生提出了“十条”，调研工作计划中又作了补充，具体化为五个方面，领导小组认为可行。

（一）摸清我市的市情及其特点，作为制定总体战略的条件和依据

1. 秦皇岛市的形成、发展过程，分析“先进的港口，落后的城市”的原因；

2. 调查分析各行各业的现状，深入研究今后发展的有利条件和制约因素（即优势和劣势），既要看到现实条件，又要注意发现潜在的因素，并分析优势、劣势在特定条件下互相转化的可能性；

3. 分析秦皇岛市在经济区域、省内乃至全国所处的地位及可以发挥的

作用。

（二）确定战略目标，明确发展方向

1. 到本世纪末实现工农业总产值翻两番的总目标和几项主要指标。掌握适当高速度，防止超高速度，充分注意各方面的协调发展和提高效益；

2. 进一步探索城市性质，明确秦皇岛市对外开放和市领导县体制的发展模式；

3. 分析实现战略目标的可能性，明确实现战略目标的前提条件，了解和掌握国家、省对我市发展的设想。

（三）明确战略的指导思想和战略方针

根据党的十二大提出的总任务、总目标的要求，从秦皇岛市的特点出发，明确如何具体贯彻落实党中央关于经济体制、科技体制、教育体制改革等决定，顺应国内外经济技术发展趋势，实现战略目标的要求，确立战略指导思想，以及在指导思想下应该采取的战略方针。

（四）确定战略重点和实现的主要措施

1. 推进改革，建立合理的管理体制；

2. 调整产业（品种）结构，正确安排产业比例以及农村产业结构的调整；

3. 合理开发和利用各种自然资源，使生产向深度广度发展；

4. 合理配置生产力的布局，以高新技术为先导，带动传统工业的发展；

5. 加强老企业技术改造，正确处理老企业改造和经济技术开发区建设的关系；

6. 创造良好的投资环境，积极促进内联外引，以内联促外引，以引进促发展，加快开发步伐；

7. 加速科技进步、人才开发和造就管理人才，改革人事管理制度，提高人才开发、管理和使用的社会效益；

8. 开发第三产业，搞活流通，选准腹地、市场和经营走向；

9. 发展陆海空交通运输，解决水、电能源不足和市政建设配套问题；

10. 建立信息管理系统。

（五）明确实现战略目标的步骤

重点研究近期发展规划及长远设想。到 1990 年如何打好基础，以什么为突破口，以及如何实现“七五”规划确定的目标；确定到本世纪末，秦皇岛市要达到的经济实力、科技水平、社会发展等主要指标。

现在回头看，当时确定的研究战略的方法、步骤及其内容基本上是正确的。

就方法而论：首先，提出各级领导要身先士卒，参与谋划。领导的战略觉悟或战略意识，是研究战略的首要问题，也是前提条件。各级领导对这件大事重要性的认识程度，决定着战略觉悟程度，战略觉悟程度决定着决心程度和负责精神。只有认识高，看得远，才能以高度的自觉性参与谋划。只有具有高度的觉悟，才能以对国家、对人民、对事业负责的精神，下定决心组织好谋划。

其次，强调了专业班子、部门和群众相结合，体现了在新形势下党的“群众路线”的工作方法。

第三，强调了调研工作要市内与市外相结合，实质上是确立研究战略的角度。研究战略主要以谋划经济发展为主，不同于研究行政区域的管理，必须按经济原则来谋划经济发展，不能从行政角度考虑问题。否则只研究市内，不研究市外，只研究市内所辖三区四县，不研究非属市管的其他方面，这样就会导致难以跳出行政管辖范围的小圈圈，而把港口也排除在外。然而离开港口研究秦皇岛市发展战略，就研究不出名堂来。只有把秦皇岛放在全国沿海对外开放地带和经济区域的大“棋盘”上，才能确立秦皇岛市在河北、华北、东北乃至全国沿海地带所处的地位和作用，才能正确理解秦皇岛市经济区域的概念。秦皇岛市经济区域不仅包括市区、所辖四县，也包括历史形成的和京、津、唐所交叉地带以及“三北”广大腹地。

第四，提出了定性研究与定量研究相结合。从本质上来讲，战略是一个定性问题，应该在定性分析中提出问题，但要通过数学模型进行定量研究，再得出定性结论，使两者互为条件，又相互制约。采取定性与定量相结合的做法，比较科学，易于优化。

就步骤而言：从组织、技术准备到搜集、汇总、分析有关资料，为开展战略研究提供了素材，从广开言路开展战略讨论到去伪存真、去粗取精制订战略草案，从修正草案初定稿到市人大常委会审议通过，这六个步骤循序渐进，有机结合，步步深化，不断完善。既避免了忙乱无序、不求甚解、急于求成，又充分体现了群众路线、党的决策和法制的认定，从而圆满地完成了研制战略的任务。

就内容来看：五个方面十八条，考虑得比较全面、广泛，为研制战略提供了可靠的决策依据。

三、研制战略过程

研究发展战略过程大体分为两个阶段：

（一）研制阶段

从 1985 年 4 月 16 日开始，经过两个多月思想准备和组织准备之后，市委、市政府于 6 月 25 日在工人文化宫召开了研讨发展战略动员大会，顾二熊同志主持了会议，副市长石春贵同志代表市委、市政府作了动员报告，赵铭同志讲了调研工作的安排意见。自此，进入了研制战略阶段。这一阶段，从 1985 年 6 月 25 日起到 12 月 31 日，这半年的时间主要做了以下工作：

1. 培训干部。7 月 31 日，请国务院经济技术社会发展研究中心李泊溪同志作了发展战略研究学术报告，培训县级干部 400 多人，使他们对发展战略概念、怎样研究发展战略、战略研究要注意的问题等有了概念的认识。8 月 19 日，市调研领导小组在市劳动局培训中心培训了各县区及市直有关部门参与战略研究的人员，着重讲了战略研究的基础知识和工作方法。

2. 编制发展战略研究资料。调研组的同志们先后搜集了 700 多万字的资料，编制出《今日秦皇岛》《秦皇岛现有发展、规划与设想摘要》等，这些参考资料反映了秦皇岛市概貌、工业、农业、交通、邮电、旅游、科技、教育、文体、市政建设、内外贸易的历史发展情况和现状，以及人口、就业、环境保护等方面情况。

3. 9 月 23 日至 10 月 11 日，在全市开展了发展战略大讨论，共研讨 12 次，参加研究讨论的各方人士达 183 人，其中专题研讨会 8 次 128 人，高层次研讨 4 次 55 人，还开了几十次座谈会，着重从四个方面进行了初探：一是对秦皇岛市城市性质的认识；二是秦皇岛市的优势与劣势和在特定条件下相互转化的可能性；三是秦皇岛市的主要制约因素，包括自然条件的制约因素和经济区域形成的制约因素；四是勾画了到2000年的发展设想。

4. 27个市直部门开展了专题调研，写出28篇专题报告，市政协提供了20余篇专论。调研组同志和清华大学师生合作建立了5个模型，即：投入产出模型、宏观经济计量模型、发展规划模型、战略层次分析决策模型、主要经济指标预测模型。

5. 确定了下一步重点调研课题。包括水资源、港口、交通、城乡经济一体化、沿海开放城市的有关经验。

6. 在上述工作的基础上，起草了《发展战略》第一稿。在起草时，赵铭同志强调战略表述要突出：（1）市情、城市发展模式、性质和功能；（2）战略重点应放在优化产业结构和克服制约因素上；（3）战略对策重点在能源、交通、基础工业、科学教育；（4）打好基础应包括组织、设施、人才、投资环境等方面的基础建设。

11月15日在道南宾馆，白芸生、赵衡、田玉成、赵铭、石春贵同志听取了关于综合整理稿情况的汇报，并就起草第一稿进行了谋划。大家一致同意将综合整理稿作为战略的眉目，同意再写一部分现状及优势、劣势作为研究战略的出发点和前提，应指出水资源是未来诸多矛盾中的突出矛盾，人口增长要严格控制，市区人口到2000年控制在50万人左右为好。12月23日，在北大营开始起草发展战略第一稿，由徐淳同志主持，连少年、郭传明同志执笔。赵铭同志于12月7日和23日先后对起草同志提了六点要求：（1）根据市委和领导小组意见，要在综合整理稿的基础上拓展与深化，体现出观念上的更新；（2）要写出秦皇岛市的特点，要自始至终贯穿一个模式三条主线。即：沿海型的开放城市模式和对外开放、城乡一体、两个文明建设同步发展；（3）战略结构大体分为：市情特点、战略思想、战略目标、战略重点和战略措施五部分；（4）在写法上采取传统的叙述方法；（5）坚持实事求是的精神，以对未来负责的精神，立足现状、预测未来；（6）1986年元月10日前拿出第一稿。

起草的几位同志加班加点昼夜工作，于12月31日起草完毕。草稿拿出后，先由赵铭同志过目后，送交于白芸生。白芸生经过反复考虑，写了3000余字的商讨修改意见，起草同志据此作了修改，又送交赵铭同志审阅。当时赵铭正患病住院，带病工作，连看三遍，作了部分改动，到此为止，形成了《发展战略》第一稿。

（二）深化阶段

1986年年初，战略研讨工作进入了依靠群体智慧深化《发展战略》阶段。从1月3日起至4月23日研讨《发展战略》第一稿；从4月24日起至8月27日研讨第二稿；从8月28日起至9月17日研讨第三稿；从9月18日起至10月1日修订第四稿。四稿相比，第一稿难度最大，研讨的时间也最长。在研讨第一稿时，先后召开了调研组全体成员、四县负责同志、市直部门负责同志等参加的座谈会，听取对《发展战略》第一稿的意见，然后提请市委常委会议审议能否作为第一稿正式印发。常委同志们经过认真审议之后，认为此稿反映了秦皇岛的市情、特点、优势、劣势，未来的战略研究考虑得比较全面，一致同意作为第一稿印发，同时也对各章节提出若干修改意见。3月19日市政协召开第十七次常委会议，专门讨论修改第一稿。政协常委一致认为，第一稿对市情分析实事求是，战略思路明确，可以作为深化的基础和滚动研讨的蓝本，同时也提出若干修改意见。与此同时，4月2日至5日调研组同志又分头赴省委政策研究室、省政府经济研究中心、省机械厅、国务院发展研究中心征求对《发展战略》第一稿的意见，在广泛研讨和征求意见的基础上，在4月23日到5月8日期间又起草了第二稿。在起草第二稿之前，赵衡和白芸生于4月21日提了四点意见：一是不要怕否定第一稿，尽管第一稿可以作为基础，但毕竟是初稿，应集中各方面的正确意见，敢于大动、大改，否则，不称其为第二稿；二是在深化基础上重新认识秦皇岛，这是深化战略的前提。重新认识秦皇岛的焦点是秦皇岛市所处的战略地位，确定战略地位的是港口，港口是秦皇岛市决定性的优势，第二稿要围绕港口大做文章；三是要树立市场观念和竞争观念，特别是国际市场信息，要考虑到第三次浪潮的挑战和机遇；四是滚动修改之后，完成不定稿或初定稿，请市委和人大审议通过后，再正式定稿。

5月19日，首先由调研组全体同志讨论了《发展战略》第二稿。第二稿产生之后，5月29日清华大学师生全部返校，完成了与秦皇岛合作研制发展战略的使命。

7月4日，市政协在市群艺馆召开了六届十九次常委（扩大）会议，研讨《发展战略》第二稿，与会同志再次进行认真研讨，分析了“卡脖子”因素，提出了切实可行的意见。市委副书记刘任英和石春贵同志到会听取研讨情况和意见。7月30日，市委、市政府在市委机关三楼西会议室召开了市直机关各部门负责同志会议，研讨《发展战略》第二稿，白芸生和顾二熊等市委、市政府负责同志到会参加研讨，听取意见。这两次大型研讨会，不少同志在会上发了言，一致认为《发展战略》第二稿更加深化、完善，同时又提出了若干修改和补充意见。在此之前，赵衡同志于6月16日对《发展战略》第二稿提出书面补充和修改意见。

8月4日，白芸生和顾二熊同志在市委常委会议室召开调研组全体成员会议，就修改《发展战略》第二稿进行了研究。8月27日，白芸生对《发展战略》第二稿提出书面修改意见。根据上述研讨情况和书面意见，调研组同志于8月底修改完毕，形成了《发展战略》第三稿。

9月3日，调研领导小组将形成的《发展战略》第三稿提请市委审定，市委召开了常委会议集中进行了审议，与会常委一致认为，第三稿更加深化、完善，作为秦皇岛市到2000年的《发展战略》已基本形成，可以原则通过，作为初定稿提请市委六届二次全委会议审议。

9月10日至14日，市委召开了六届二次全委（扩大）会议，将《发展战略》的第三稿印发到会同志，赵铭同志受市委委托就《发展战略》第三稿作了说明。全委会议经过认真讨论，通过了《发展战略》初定稿，并作出关于《秦皇岛市2000年经济技术社会发展战略》的决议。决议指出（摘要）：“会议认为，制定《秦皇岛市2000年经济技术社会发展战略》是客观形势发展的需要，是我市经济建设和社会发展必不可少的大事，是我们站在全省、全国的‘大棋盘’上，从全局出发，面向现代化、面向世界、面向未来，重新认识秦皇岛的结果。《发展战略》在全面、透彻地分析市情、市力的基础上，勾画出了我市未来发展的轮廓和蓝图。它所确定的战略思想、战略目标、战略重点和战略对策，符合党和国家的基本要求，突出了秦皇岛的特点，为我市到2000年经济技术社会发展指明了方向。”

“会议建议，市政府依照法律程序，尽快将《秦皇岛市2000年经济技术社会发展战略》（初定稿），提请秦皇岛市人民代表大会常务委员会讨论通过颁布实施，并在实施过程中不断补充修订。”

会议号召，全市各级领导“要以甘当‘铺路石’的精神，不求名、不图利，带领全市广大党员、干部和人民群众，创新务实、团结奋进，为全面实施《秦皇岛市2000年经济技术社会发展战略》而努力奋斗”。

9月17日，市人大召开了第二十次常委会议，对《发展战略》初定稿进行了认真的审议，并作出关于《秦皇岛市2000年经济技术社会发展战略》的决议。决议指出：秦皇岛市人大常委会第二十次会议，根据市政府的提请，认真审议了《秦皇岛市2000年经济技术社会发展战略》。委员们经过讨论，一致认为，制定具有全局性、长远性的发展战略，是我市的一项重大决策，是改革、开放和加速我市经济建设和社会发展的需要。这个发展战略，符合党和国家的方针政策，突出了秦皇岛市的特点，勾画了我市未来发展的轮廓和蓝图，是我市历史进程中一个带有纲领性的文件。发展战略在指导思想上，坚持了实事求是、从现有市情市力出发的原则，坚持了把对外实行开放、对内搞活经济、利国兴市富民作为出发点和立足点，突出了港口、旅游、位置优越三大战略优势和玻璃工业的相对优势，展示了市港一体、协调发展的广阔前景。在战略思想上，坚持了改革开拓，以港兴市、以市促港的战略方针，开放式、外向型的战略导向。同时，把面向国际市场，走贸工农的路子，增强出口创汇能力作为战略重点，比较科学地预见了未来，揭示了我市经济建设和社会发展的基本趋势。在经济布局上，强调以城带乡，以乡促城，逐步实现以城市为中心、卫星城镇为纽带、广大农村为基础的城乡经济一体化，明确了我市到2000年经济技术社会发展的方向。发展战略的制定和实施，标志着秦皇岛的建设和发展进入一个新的阶段。会议一致通过《秦皇岛市2000年经济技术社会发展战略》，同意颁布实施，并在实施中不断修订和完善。

决议指出，“要振兴秦皇岛的经济，迅速改变城市建设不适应港口发展的状况，要采取切实有效的措施，保证发展战略有计划、有步骤地贯彻实施。在经济领域，要根据商品流通的特点，发展以企业为基础、以城市为中心、以商品购销服务为主要内容的多种形式的横向经济联合，要打破条条块块的分割封锁，坚持在宏观上以我为主，在微观上甘当配角，实行全面开放的原则，扬长避短，以优取胜，逐步形成四通八达的流通网络，更好地面向社会，搞好服务。在对外开放方面，要从整体和未来发展角度重新认识秦皇岛，发挥秦皇岛的整体优势，努力实现港口综合功能，促成港市一体；要以独特的旅游内容、舒适的旅游环境、高质量的旅游服务，吸引四方游客，促进城市进一步开放和兴旺发达；要以良好的信誉、高效率的服务、优惠的条件，吸引外商投资兴办各项事业，弥补自己的不足。在城市改革方面，要搞好以宏观调节控制为中心的配套改革，进一步挖潜改造，实行全方位的联合，冲破‘小而全，大而全’的模式，不断提高经济效益。充分发挥城市多功能的作用。要努力开拓人们的精神领域，加强民主和法制建设，加强政治思想工作，培养有理想、有道德、有文化、有纪律的一代新人，在全社会建立和发展体现社会主义精神文明的新型社会关系，使秦皇岛市成为物质文明和精神文明的窗口。”

“要把宏伟的蓝图变为现实，需要全市人民付出艰苦的努力。会议要求，各级政府、各个单位要加强领导，广泛宣传，精心组织，严格按照我市发展战略确定的战略思想、战略目标、战略重点和战略对策，研究制定‘纳轨方案’。在此基础上，进一步修订我市‘七五’规划……”“各级领导同志要肩负起国家赋予沿海开放城市的历史重任”，“为把我市建设成为以港口、旅游为主的轻型产业结构，功能健全、环境优美、道德风尚好的新型城市，作出积极的贡献。”市人大常委会议之后，根据市委六届二次全委会议和市人大常委会议在审议中对《发展战略》提出的部分补充修改意见，于9月18日至29日作了修改，经白芸生和赵铭同志代审后，于9月30日将《发展战略》在《秦皇岛日报》全文发表。到此，《秦皇岛市2000年经济技术社会发展战略》正式形成。《发展战略》形成之后，国家地区开发研究咨询中心主任李昌同志带领4名部级干部、6名司局级干部于1987年2月22日至28日，对秦皇岛市研制的《发展战略》进行了咨询，一致认为秦皇岛市《发展战略》是好的。结论意见是："我们赞成市里提出的战略思想，但要补充一点，挖潜力，即'走自己的路，挖潜力，打基础，求发展'。"回京后，他们还给省政府去信，赞扬了秦皇岛市的《发展战略》。国家科委还把秦皇岛市的《发展战略》作为科学技术研究成果发了公报。成果登记号码880358，分类号为7-29，部门和地方编号8702188，基层编号为87091。

《发展战略》公布后，当时有的同志对市人大常委会关于《发展战略》决议的重要性认识不足，今天仍有重申的必要。对于这样一件涉及全市未来发展的大事，不仅要理所当然地提交市最高权力机关审议、把关，更重要的是要经人大常委会审议并作出决议，从而使《发展战略》成为具有法律效力的文件。不论市、区、县哪一级政府都得保证实施，只能在实施中不断完善深化，不允许另搞一套，也不能因为主要负责人的更迭而中断实施。同时也表明决定实施和终止《发展战略》的权力在市人民代表大会常务委员会或市人民代表大会，其他任何行政首长无权终止实施。这就保证了实施《发展战略》的连续性。对此，万里同志在1987年8月9日视察秦皇岛市市政建设时指出，人大通过后，就具有法律效力，一定要认真执行，不能随意改变。

四、定性论点的形成过程

下面回过头来再谈谈《发展战略》中提出的一些主要定性论点的形成过程。

（一）市情分析

《发展战略》第一稿写了五个优势：港口、旅游、玻璃工业、领先地位厂家和生物矿产资源。研讨中同志们提出后两条反映不出秦皇岛市特色，不能称其为真正的优势。同时在个别交谈中，张遐昌、赵衡同志认为玻璃工业如果作为一个优势，只能是相对优势，优势在于品种质量，不在平板玻璃的数量。在激烈的市场竞争中，品种质量上不去，就是劣势。因此，在《发展战略》第二稿集中写了三个优势：港口、旅游和地理位置，把玻璃工业放在工业基础之内，但肯定了秦皇岛市玻璃工业在全市工业基础中的实力地位。同时在征求外地专家学者意见时，省机械厅厅长原道谋同志提出：秦皇岛市优势和劣势并存，对二者要有充分估计，努力争取转劣为优。因此，在第二稿中对三个优势加以深化，提出了优势和劣势常常是并存的，港口功能单一性、旅游业的季节性，形成两者优势中的劣势。定稿时最终保留了上述三条。

在写秦皇岛市制约因素时，《发展战略》第一稿写了四个：基础薄弱；条块分割，城乡分割；人才匮乏，科技落后；基础建设差。第二稿又增加一条“产业结构不合理”。在修改第二稿时，白芸生根据李书和、孔繁德等同志提出的保护生态环境的意见，提出：人口规模的“惯性”增长和生态环境的恶化，将是两大潜在性的隐患，必须引起重视，防患于未然。因此，第三稿对制约因素的分析增加到六条，最终未变。

（二）战略思想

首先是如何摆正秦皇岛市战略任务和国家战略目标的关系。《发展战略》第一稿和第二稿没有明确。在修改第二稿时，对此，白芸生写了一段文字意见：“在新的历史时期，秦皇岛面临的战略任务是依据党的十二大提出的战略目标和邓小平同志关于我国二十一世纪前五十年的构想，确定自己肩负的历史任务和战略思想。”第三稿把这段话写进了战略思想。起草执笔人又在最后加了一句：把秦皇岛的建设和发展推入一个新阶段。最终保留上述提法。

其次，如何确立研制战略的指导思想？《发展战略》第一稿的提法是：走有自己特色的开放振兴之路，从内向型到双向型，再到外向型，逐步成为区域性经济中心，进而走向全国，走向全世界。考虑到这种表述既不能准确反映未来，又考虑面太窄，仅仅从经济角度考虑问题，因此，在起草第二稿时，调研组同志借用了中央领导同志对教育事业提出的指导思想，以“面向现代化、面向世界、面向未来”作为根本指导思想，最终保留这种提法。

第三，如何确定秦皇岛市的城市性质？在 1984 年至 1985 年 3 月研制《秦皇岛市城市总体建设规划》时，因意见不一，未能确定下来。因而，在这次研究发展战略中不能再回避。开始在“综合整理稿”中提出：“把秦皇岛市建设成为以港口为中心，旅游、玻璃为特色，出口加工为新兴产业的现代化沿海开放城市”。当时觉得这样定性不准，但又没有成熟的意见，通过研讨后再定。

因此，《发展战略》第一稿、第二稿都未涉及这个问题。后来根据研讨情况，参与调研组工作的清华大学黎诣远教授，经过两天的集中考虑提出：努力把秦皇岛市建设成为充分体现港口、旅游为主，环境优美、功能健全、道德风尚好、全方位开放的新型城市。形成文字之后，白芸生在旅游为主后面加了“轻型产业结构”六个字，便写入了《发展战略》第三稿，直到最终定稿仍保留了上述定性。

第四，城市与港口的关系是随着研讨的深入逐步深化解决的。开始《发展战略》第一稿提出“改革开拓奋发升位”作为兴市的指导方针，觉得这种提法没有反映港口的作用，也易形成盲目攀比升位。调研组同志赴连云港学习考察后，仿照连云港提出“以港兴市”的方针，征得白芸生和赵铭同意后写进了《发展战略》第二稿。在修订第二稿时，觉得这种提法还是不全面，又和调研组同志商量，形成了“以港兴市，以市促港”这一完整的想法，正确表达了秦皇岛市与港口的关系。这和 1986 年 11 月人民交通出版社等六家媒体在京探讨港口与港口城市关系时，提出的“港为城用，城以港兴”说法是一致的。

第五，对秦皇岛认识的转变。第四稿在战略思想中提出四个转变，但最主要的还是对秦皇岛市认识的转变，对于这个观点也是逐步形成的。有一次白芸生和赵衡同志商量这件事情，赵衡说：“一定要提出重新认识秦皇岛，怎样认识，必须站在国家对外开放这个‘大棋盘’上加以重新认识，否则，认识不清。”与此同时，孔繁德同志也找白芸生建议研究秦皇岛港口的腹地，并谈了他的一些看法。根据和赵、孔两位同志商量的意见，白芸生于同年6月8日写了《重新认识秦皇岛是摆在各级领导面前的一个重要问题》一文，连同发展横向经济联合的意见，经市委常委会议通过后，于1986年6月17日在市工人文化宫召开的市直干部大会上，白芸生作了发展横向经济联合和重新认识秦皇岛的动员报告，于是《发展战略》第三稿采用了白芸生讲话文稿中的主要内容，最终保留了这一条。

第六，如何正确处理两个文明建设的关系？《发展战略》第二稿提出了不可放松精神文明建设，但没有从两个文明建设的关系写。在研讨过程中，根据大家的意见，白芸生在第二稿文字修改意见中提出：在正确处理好几个方面的关系中，首先应明确正确处理物质文明和精神文明建设的关系。执笔同志在第三稿中正确地阐述了两者之间的关系，最终保留了这一段。

（三）战略重点

首先要确立的是港口发展方向问题。对此，在起草《发展战略》第一稿时，根据研讨情况，写了“逐步成为货、客运多功能的综合性港口”。在市委常委会议审议第一稿时，许斌同志提出：港口功能单一，要考虑改变这种状况，在保证国家能源中转港的同时，考虑如何加快杂货码头的建设，为地区性物资集散服务，还要考虑发展包装工业。因此，在《发展战略》第三稿中改为“积极促进港口由单一功能向综合功能转化，振兴临港产业，形成一个以能源中转为主的综合性北方大港。同时建立起稳定的商品出口基地”。最终保留了这种提法。

对于港口的摆位问题，石春贵同志在市委常委会议审议第一稿时提出，三大优势有个摆位问题，应把港口放在“三大优势”的首位，突出港口这个重点。港口是决定秦皇岛市内联外引的重要条件，引进大型项目，离开港口根本不行。第二位是旅游业，包括旅游所带动的第三产业。因此，在最后定稿时，将港口摆在了战略重点的首位。

其次是旅游业。在谋划发展战略一开始，赵衡、孙学海等同志就提出，北戴河旅游区已人满为患，要把旅游重点逐步转向山海关长城旅游线。市建委杨印田同志提出应减轻北戴河旅游的压力，开发新的旅游景点。因而《发展战略》第一稿提出以北戴河为中心“东引、西伸、北扩”的旅游布局。北戴河旅游区由西山引向东山，保持西山清洁静谧的环境。再由北戴河引向山海关，修复完善长城旅游线；西伸北扩开发昌黎、抚宁、青龙、卢龙旅游资源。在修改第一稿时考虑到北扩的必要性尚看不准，同时西伸也可把昌、抚、卢三县开发旅游景点包括进去，因而将北扩删去，形成了“东引西伸”的方针。在修改《发展战略》第二稿时，将“伸”改为“延”，最后保留了“东引西延”的方针（后来赵衡同志认为提“北引西延”比较准确。但这一提法已经市委全委会通过，因而未再改动）。

第三，超前改造玻璃工业。谋划发展战略一开始，赵衡、张鄂联、张遐昌等同志就提出，对玻璃行业进行联合改组，超前改造，形成布局合理、分工明确的玻璃生产、加工体系。集中力量打基础、上质量、上品种、创名牌、多出口，形成一个整体优势。为此，白芸生和顾二熊同志专门召开过座谈会，根据几位老同志的意见，最终完善了对玻璃工业超前改造和发展的提法。

第四，发展建材工业，使其迅速成为秦皇岛市又一支柱产业的提法。在谋划发展战略过程中，顾二熊、田玉成、石春贵等同志都提出过要十分重视铝型材加工业的兴起，认为玻璃工业的发展和铝型材加工业的兴起，构成建材工业在全市工业中的优势地位，也必然推动传统建材工业改造和新型建材工业的发展。因此，在《发展战略》第三稿专门写了这一条。

第五，对秦皇岛市农业资源状况，分为“三线四块”的提法。这种划分法首先由顾二熊同志提出，为了合理地划分“三线四块”，又请李守刚、陈力生、张力、张树仁等同志进行了专题研究，杨金声同志也参与了研究，最后划定“三线”：即长城西侧一线以林果业、畜牧业、采掘业为主；从山海关到滦河口的“经济走廊线”以种植业和乡镇企业为主；沿海一线以旅游业、养殖业、海上运输业为主。“四块”即山丘区、平原区、城郊区、滨海区，在各块内因地制宜建设商品生产和出口产品基地。按照他们的意见，写进了《发展战略》第三稿，最终保留了这一段。

（四）战略对策

首先确立了战略对策。根据白芸生对《发展战略》第二稿书面修改意见，即：针对秦皇岛地位重要、基础落后，优势突出、劣势明显，环境优美、隐患存在的基本特点，确立了应采取的基本战略对策：扬自己之长，避自己之短；以人之长，补己之短；以整体之长，克局部之短。经济、技术、社会协调发展，实现良性循环。写进了第三稿，最终保留了这一段。

其次，确立了以优补劣、发展横向经济联合的指导思想，即“在宏观上以我为主，在多数项目上甘当配角”。

在这之前渤海铝业公司（四家联合企业）原为以我市为主，1985年4月交由中国信托投资公司为主，调动了中信公司的积极性，给渤铝公司投入大量的资金、设备、人才，引进了技术，不仅使铝业公司第一期工程当年破土动工、当年投产见效，而且为第二期工程作了充分准备。上述正反两例都说明了在发展横向经济联合上，以我为主不行，怕“肥水”流走也不成，经白芸生和赵衡以及省政研室管在源同志反复研究后，由白芸生草拟了“宏观上以我为主，在微观上多数项目以他人为主，甘当配角”的指导思想，经市委常委会议通过后，于1986年6月17日在市工人文化宫的市直干部大会上正式提了出来，《发展战略》第三稿采用了这一指导思想。

第三，确立了经济建设不与别地盲目攀比，走“创新路，打基础，求发展”的路子。这条路子是1986年年初市委起草一份工作报告时，白芸生提出的。后经市委常委会议通过，正式确立了这一提法。

在研究制定发展战略征求外地专家、学者意见时，国务院经济研究中心李伯溪、河北省机械厅厅长原道谋也都强调了要重视基础工作，只有打好基础，才能求得发展。因此，把这一发展的路子，写进了《发展战略》。同时起草同志又在后面加了“闯出去”三个字，形成了“创新路、打基础、求发展、闯出去”的提法。

五、关于八个附件

为什么要搞八个附件？主要有以下原因：

（一）有些大事在《发展战略》中原则提出，但不可能作详细表述，需进一步说明。如战略目标，讲到“到2000年的具体目标有高、中、低三个方案可供选择，采用了中方案”，并具体写了中方案的指标。但为什么采用中方案，未作更多的叙述，因此写了附件之一，便于在最后选择。

（二）对有的重大问题，在研讨中意见不一，《发展战略》中讲了原则意见，没有写倾向性的意见。如建立地方港口，只讲到“适时建设以中小泊位为主、杂货运为主的地方港口，为大港口配套，拾遗补阙”，但什么时候建，在什么地方建，研讨时意见不一，一时难以下定决心。因此写了附件之二，在附件中将三种不同意见、形成的三种方案一并提出，供将来考虑。还有水资源开发问题也是如此。水资源缺乏是秦皇岛市一大制约因素，这是大家公认的。但对水资源的开发，是采用地表水还是开采地下水，较长时间争论不休。《发展战略》虽有表述，但仍需进一步研究。同时对于城市用水现状和到2000年的缺水预测也需进一步阐述，因此写了附件之三。

（三）虽在《发展战略》中提出了定性意见，但为进一步引起人们的重视，仍需重申。如人才问题、扩大出口贸易问题、山区交通问题、环境保护问题、小城镇建设问题。因此写了附件四、五、六、七、八。上述八个附件应当说是《发展战略》的组成部分，既是对《发展战略》的内容补充，又是未来完善战略的索引。

六、四县发展战略的制定

市属四县在积极参与谋划全市《发展战略》的同时，于1986年6月先后组织专门班子，发动广大干部群众，开展县情大调查，研究制定各自的发展战略，赵铭同志先后到四个县具体参与了各县发展战略的研讨，到1986年年底和1987年元月，四县先后完成。抚宁县制定了“外放、内改，以城（市）兴县，四线开发，五业并举，实现经济起飞”的发展战略[①]。昌黎县制定了“三线开发，两带治理，六业为重点”的发展战略[②]。卢龙

① 抚宁县发展战略“四线开发”是指本县丘陵山区线、平原线、沿海线、城郊线的经济产业。“五业并举”是指粮油、林果、蔬菜、畜牧、水产五大农业商品基地。

② 昌黎县发展战略中“三线开发”指开发山区、京山走廊、沿海三线线状区。“两带治理”是指治理中部沙带和沿滦河带，保证粮食增产。“六业为重点”是指林果业、养殖业、食品业、外贸出口加工业、旅游业、建筑和建材业。

县制定了“挖三宝，聚四财”的发展战略[①]。青龙县制定了在绝不放松粮食生产的前提下，“栽山上的，挖地下的，养吃草的，加工自产的”的发展战略。

四县的发展战略均经县人大常委会审议通过，是市发展战略的组成部分，既是秦皇岛市发展战略的分战略，也是执行全市发展战略的实施战略。四县发展战略的制定，加上三区和市直部门制定的“纳轨”方案[②]，使秦皇岛市的发展战略建立在可靠基础之上。

① 卢龙县发展战略中“挖三宝”是指白薯加工、沙石开采、引青龙渠水之宝。“聚四财”是指聚粮、果、牧、工之财。

② “纳轨方案”是指把秦皇岛市的经济技术和社会发展纳入发展战略轨道。

谋划发展战略必须首先搞清市情

——白芸生在征求市人大常委会等几大家领导同志意见时的讲话

（一九八五年四月十日）

我市作为一个开放城市，虽然已经制定了《经济技术开发规划大纲》，但还不是经济技术社会发展战略，必须在进一步搞清我市的市情、地位和作用之后，研究到本世纪末要达到的经济技术社会发展的战略目标，战略重点，采取的战略方针、战略步骤、战略措施，全面制定出我市符合市情、符合经济发展规律的《经济技术社会发展战略》。

如果我们能够制定出这样一个《经济技术社会发展战略》，就可以情况明，决心大，立足长远，抓好当前，理顺经济工作头绪，有计划、有步骤地实现战略目标，以求得近期的和长远的全局上的主动权。

探索研究上述问题，不仅要涉及经济技术，而且涉及社会发展的各个方面，是牵动全局，带有长远性、战略性的大问题，必须有计划、有组织地各方配合，全面调查，综合分析，总体规划。

一、目的。这一研究工作的目的在于搞清秦皇岛市情和在河北、华北所处的战略位置、作用以及本市的优势、劣势、经济发展趋向之后，确定我市经济技术社会发展战略目标、战略重点、战略方针、战略步骤和战略措施。

二、内容。为了实现上述目的，调查研究的内容要广泛一些。

（一）不仅要研究我市的现状，还要研究历史，如秦皇岛发展演变过程和经济区域的形成以及经济流向等；

（二）不仅要研究自身，还要研究全国其他 13 个沿海开放城市，特别要研究天津、大连这两大城市对我市经济发展的促进因素和制约因素；

（三）不仅要研究秦皇岛市市区的发展，还要研究发展卫星城镇，如何建立以城市为中心、以小城镇为纽带、以广大农村为基础的城乡经济一体化的体系；

（四）不仅要研究本市的经济发展，还要研究左邻右舍的经济发展，使河北和华北一些地区成为我市对外开放的后方基地，我市成为这些地区对外开放的前哨和门户；

（五）不仅要研究现有工业基础，还要按照我市的性质研究我市将来工业发展的结构；不仅要研究确立立体工业，还要研究确立支柱工业；

（六）不仅要研究矿产资源储量和分布情况，还要研究市场需求情况，从而决定资源的价值；

（七）不仅要研究城市的工业产业结构，还要研究农业的产业结构；

（八）不仅要研究现有的优势和劣势，还要研究在一定的条件下优势和劣势的转化；

（九）不仅要研究经济的发展，还要研究人口的控制和与经济发展相适应的知识结构以及发展壮大科技队伍；

（十）不仅要研究市场销售的渠道，还要研究为开拓市场所需要发展的海陆空交通运输等。

我这里仅列举了十个方面的调查研究内容，随着调查的深入和课题的深化，必定还会充实和丰富一些内容。通过调查研究搞清上述问题，就能够有效地进行宏观经济的决策。

三、方法与步骤。搞好这项工作的主要方法就是扎扎实实地搞好调查研究，进行系统的科学分析和定性研究。步骤：第一步拟定调查研究提纲；第二步组织力量专题调查研究，搜集和占有资料；第三步进行专题分析，然后系统地进行综合分析和定性研究；第四步草拟《经济技术社会发展战略》；第五步反复研讨，广泛听取意见修改补充，然后正式定稿。

这项任务的具体工作想请政协的同志们担负，政府各部门积极配合。也可请一些外地专家来参加，给予适当报酬。完成这一任务的时间由政协确定。

重新认识秦皇岛是摆在面前的一个重要问题

（一九八六年六月十七日）

秦皇岛市是河北省对外开放的“窗口”，重新认识秦皇岛，不仅对建设秦皇岛市是必要的，而且对为振兴河北经济服好务也具有重要意义。记得 1985 年 1 月 17 日，省委领导同志在秦皇岛市工作汇报会上郑重地指出：秦皇岛市委“对本地情况没有完全弄清楚，如秦皇岛在河北省处于什么地位，在全国处于什么地位，怎么搞法，并不十分清楚”。对此，省委是作为一个重要问题提出来的。去年 4 月初，我提出了 10 个问题和同志们商量，如秦皇岛市的发展演变过程；秦皇岛处在天津和大连之间，这两个港口城市对秦皇岛市的发展有什么促进作用和制约因素；秦皇岛市是个什么性质的城市；秦皇岛市的产业结构是怎样的；哪些产业是主体产业；秦皇岛市的优势和劣势及如何创造条件将劣势转化成优势等。我说不清楚，同志们也只是一知半解。这时，大家才真正感到对秦皇岛市的市情确实不太清楚。为此，市委研究决定，抽调 18 名同志，组成经济发展战略调研组，在清华大学的帮助下，用了一年多的时间，专门调查研究秦皇岛市的市情。并在搞清市情的基础上，研究制定秦皇岛市的经济技术和社会发展战略。经过这段深入调查研究和广泛征求意见相结合已写出第二稿，为我们重新认识秦皇岛提供了依据。有的同志说，重新认识秦皇岛，会不会否定各级领导过去的工作成绩？我认为不存在否定问题，而恰恰是肯定各级领导过去在秦皇岛市的工作。因为人们的认识总是受一定的历史条件制约并往往落后于客观事物发展的。现在，党中央把秦皇岛市摆在全国对外开放的经济技术“大棋盘”上，这正是过去各级领导和全市人民长期共同建设使秦皇岛具备了对外开放的客观条件的结果。由于秦皇岛成了国家开放城市，它的地位发生了战略性的转变。如果我们的认识仍然停留在原地踏步，就显然适应不了新形势发展的需要。只有不断地修正自己的认识，使认识随着客观事物的动态变化而逐步深化，才能真正认识“庐山真面目”。

究竟应该怎样重新认识秦皇岛？我认为应从两个方面改变观察问题的角度：一是要由从局部角度观察问题转向从整体角度认识秦皇岛；二是要由就现状观察问题的角度，转向从未来发展的角度认识秦皇岛。这样，才能对秦皇岛有正确的新认识，真正认识到秦皇岛在河北、在全国所处的地位和作用。现在仍有不少同志，把秦皇岛市仅仅看作是一个三类城市、地区的中心城市，这些同志看问题的角度不对，只有站在对外开放的这个大格局上，才能真正认识秦皇岛。党中央、国务院之所以要把秦皇岛作为全国沿海 14 个进一步对外开放城市之一，是从它所处的特殊地位和作用决定的。秦皇岛市位于河北省东北隅，是华北、东北的接连地段和“咽喉”，居京津、东北、渤海湾三大经济区之间，是河北、首都、华北的重要门户，它有我国北方不淤不冻水深的天然良港，是全国最大的能源中转港，京沈、京秦、大秦在建三大铁路贯穿境内，铁路、公路、海运连接成网。它既有北戴河旅游避暑胜地，又有山海关历史名城和举世闻名的万里长城的起点老龙头。玻璃工业历史悠久，技术力量比较雄厚，在国际市场，特别是在东南亚享有盛誉。这些都决定了它对外开放的经济发展的广阔前景。

就秦皇岛市现状而言，过去的一段时间里由于受“左”的影响发展缓慢，基础差、底子薄，既没有形成全省的工业基地，也尚未形成对外开放的“窗口”。然而，这并不能说明它的未来，只能说明它的潜力是很大的。我们有些同志，由于因袭传统体制形成的概念，看不到港口未来的发展，看不到港口发展与秦皇岛市发展的密切关系，仅仅将秦皇岛港看作是一个部属港口，误认为港口和秦皇岛市只不过是出口一吨煤抽一元钱的关系，这显然大大地低估了港口的重要性。秦皇岛市之所以成为一个沿海开放城市，是由于港口的存在决定的。它不但决定了秦皇岛市的存在和形成，也决定着秦皇岛市未来发展的前途和命运，就某种意义来说，秦皇岛市的发展有赖于港口的发展。港口未来的发展趋势是，目前中转能源的单一功能，必然为综合功能所代替，也就是实现国家码头与地方码头、能源中转与百货中转、国内航运与国际航运、货运与客运的有机结合，形成一个以能源输出为主的综合性的国家北方大港，只有实现这个前景，秦皇岛市才能真正成为物资集散、客商往来的对外开放城市。有些同志说，1985 年秦皇岛港的吞吐量已超过了大连，跃为全国第二大港，但是，他们没有看到天津港虽然吞吐量只有 1700 万吨，但它是杂货吞吐量，担负着与 140 多个国家和地区的贸易往来，是真正的商品集散地，这是我们目前无法比拟的。如秦皇岛港的杂货商品（指以制成品为主的杂货）吞吐能达到 600 万吨，秦皇岛市就要发生很大的变化。怎样扩大港口的综合功能，我认为我们省和秦皇岛市都应在这方面做些文章。像如何利用现有码头建设和国家码头配套的地方码头，如何建立对外贸易口岸等。当然不是说要把河北所有出口物资都转向秦皇岛港，冀中、冀南的外贸渠道还应该走天津口岸，这符合经济流向。秦皇岛口岸可以把冀东、冀北和辽宁、吉林、内蒙古的部分市、县（盟）出口物资吸引过来。至于如何建设地方码头，靠我们自己投资或与外商合资重新建一个港，就很不经济了，应该依托现有港口的基础。省、市与交通部搞配套，与中央搞协作、搞联合，发挥中央和地方的积极性共同建设秦皇岛港，这样速度快、效益高、经济合理，对此交通部是很赞同的。另外，还应有计划地发展省、市地方船队，逐步开通广州、香港、日本的航线。去年，我们花 500 多万元买了一艘船，航行一年多，收入 734.5 万元，实现利润 133 万元，创汇 96 万美元，由此可见，向港口要效益大有潜力。

旅游优势也有必要重新认识，不能总把主意打在“六、七、八”三个月份的北戴河暑期旅游热上，应该看到我们的很多旅游资源尚未开发，如老岭、碣石山、黄金海岸等。总的方针应该是“北移西延”，西延是指北戴河旅游区的延伸，净化西山，美化东山，逐步延伸到黄金海岸；北移就是把国外游人旅游的重点移到山海关去。北戴河旅游区无疑是我们的一大优势和财富，但是像北戴河的风光景观，在国际上，我们既比不上威尼斯，也比不上瑞士，而山海关对国外游人却颇有吸引力，因为万里长城是世界史上四大工程之首，外国游人说到中国不登万里长城，就等于没有来中国。而山海关老龙头是万里长城的起点，巨龙从这里腾飞而起，外国人到中国若能看看万里长城的起点，登临一下“天下第一关”，便感到是莫大的幸运。现在旅游产品还不多，游人买不到什么东西，据说 1984 年来秦的游人，平均每人只花了12元，现在并不是人们花钱越少越满意。如果他能在你这里玩得很愉快，同时还能买到满意的东西，就会更高兴。去年来秦旅游人数达500余万，假如每人在秦花去100元，就是5亿元的可观收入。

玻璃工业是秦皇岛的相对优势，它的前途在于深加工、高质量、多品种。我们的眼睛不能只盯着建材玻璃，要不断开发玻璃产品，由初加工到深加工，由平板玻璃到高档玻璃。有人说搞玻璃制品不赚钱，可以国家、集体、个人一齐上嘛，大厂赔钱，小厂、个人就可能赚钱，要形成一个多层次、多形式的玻璃深加工的产业群体。意大利的玻璃工业很发达，15世纪就制造出聚光玻璃、彩色玻璃，有些现在我们还没有搞出来。现在又在玻璃表面搞金属喷涂，产品显得光彩辉煌，这些我们都要学习。如果我们能搞出航空、汽车用的减速风挡玻璃，就可以节约大批外汇。

发挥优势　消除隐患　深化战略指导思想

——白芸生对《发展战略》第二稿的修改意见

（一九八六年八月二十七日）

一、要深刻分析秦皇岛未来发展的制约因素

秦皇岛在未来发展中还有许多薄弱环节、制约因素和“惯性”膨胀的潜在隐患。

多少年来由于重视固定资产投资，忽视城市基础建设，历史遗留欠账很多，致使城市处于“诸多不变”和低运转的状态中。广大农村经济还处在半自然经济、半自给经济，它还需要有个生长发育和成长过程，才能变为商品经济。能源和水源缺乏，是未来经济发展的主要制约因素，水的需求超过供给能力，这种自然资源是无法补偿的。

人口规模的“惯性”增长和生态环境的恶化将是两大潜在性的隐患。随着对外开放和各种事业的兴起，必然带来人口的增长，如果不能采取坚决措施加以抑制，人们的生活总需求超过自然资源、生活服务设施、基础设施和环境实际的负担能力，将给经济和社会发展造成极大的压力。新上项目对生态环境处理得不好，无情地向大自然索取，不给予补偿，无情地向大自然排放，生态环境就要遭受严重的破坏，后果不堪设想。这两大隐患，只有及早引起重视，及早抑制，才能予以消除。

二、进一步明确战略思想

在新的历史时期，秦皇岛面临的战略任务是依靠党的十二大提出的战略目标和小平同志关于我国21世纪前50年的构想，确定自己肩负的历史任务和战略思想。把秦皇岛市建设成为充分体现港口、旅游为主，轻型产业结构的环境优美、功能健全、道德风尚好、全方位开放的新型城市。

在对秦皇岛认识上的转变，要突出对港口的认识；在经济循环的导向上，广大农村要由自然经济转向商品经济，工业生产要由“小而全”“大而全”

的生产方式，转向社会化协作大生产的方式；采取优惠政策，办好第一批中外合资项目，扩大对外吸引力；在经济布局上，应围绕消除人口增长过猛和破坏生态平衡两大隐患，有计划地建立卫星城镇，逐步实现以城市为中心、卫星城市为纽带、广大农村为基础的城乡经济一体化；在正确处理好几方面的关系中，应首先明确正确处理物质文明和精神文明建设的关系。主要是两者之间的关系和两个文明建设一齐抓；并要进一步阐明经济建设和城市建设的关系，经济建设与城市建设是互相制约、互相促进的统一整体。城市基础设施是城市人民生活、经济发展赖以生存的基础。要在安排生产项目投资的同时，安排城市基础建设的投资，使两者能够按比例协调发展。在市政建设上既要突出重点、有主有从，又要兼顾各方，使整个城市功能协调，把基础设施和旅游设施搞上去，提高城市承载能力，促进经济和各项事业的发展。

三、战略重点要作大的调整

首先集中阐述积极促进港口单一功能向综合功能发展，说明港口是我市带有绝对性的优势。然后阐述旅游是季节性优势，玻璃是相对优势。还要写明工业发展的重点，使之形成秦皇岛市的产业支柱。以这些支柱产业带动一系列相关联的产业发展，形成有主有从、紧密结合、相互依存的有机整体。最后阐述建立产品出口基地。

四、战略对策应突出发挥优势

针对秦皇岛地位重要、基础落后，优势突出、劣势明显，环境优美、隐患存在的基本特点，我们基本战略对策应是扬自己之长，避自己之短，以人之长，补己之短，以整体之长，克局部之短。经济技术社会三位一体协调发展，使之良性循环。

（一）扬长避短，以优取胜。

虽然我们存在着基础差、底子薄的劣势，但是只要我们充分发挥自己的优势，就能扬长避短，扩大吸引力，达到以优取胜之目的。

港口是我市优势中的优势，如前所述，秦皇岛市的发展有赖于港口的发展，有赖于港口的综合功能的实现。因此，只要坚持“以港兴市，以市促港”的战略方针，实现港市发展一体化，秦皇岛市就能成为真正对外开放的港口城市。

旅游是秦皇岛市兴旺的另一大优势、一大产业，对旅游事业的发展除了坚持“东移西延”扩大旅游区域的战略方针外，还应采取“开通三线四点联办”吸引游客的战略方针。逐步开通秦皇岛—上海—广州的海、空客班航线，秦皇岛—日本的海上客运航线，北京—秦皇岛—承德的公路旅游线。发展秦、京、承、沪旅游联办。从而吸引国外大量游人，使我市成为国内外游人云集、兴旺发达的旅游城市。

还要充分利用开放城市、港口、交通和海滨游览吸引外资来我市兴办各种事业。这样就可以实现扬长避短，以优取胜。

（二）发展横向经济联合，以人之长补己之短。

（三）进行行业改造、发挥整体优势。

（四）控制市区规模和人口“惯性”增长。坚持四控、一综合布局的方针。即：控制自然人口增长规模、转入人口规模、常住人口规模、城市建设规模为一体，综合布局。建立“母子城”或“分散集团”式的城市格局。

（五）建立金融机构，开辟金融渠道。

（六）建立相适应的技术队伍。

发展横向经济联合必须处理好“以谁为主”

——白芸生在市直干部会上的讲话（摘要）

（一九八六年六月十七日）

秦皇岛发展横向经济联合的关键是“以谁为主”。秦皇岛市横向经济联合虽然刚刚起步，但也取得了一定的成绩。全市正式签约的经济技术项目共计 223 项，总投资 3.7 亿元，已协作引进资金 2.8 亿元，经济联合已给秦皇岛的经济建设注入了活力。几个获奖的名牌产品，都是通过引进先进技术取得的，像昌黎酒厂干红葡萄酒、抚宁水泥厂的大口径水泥管道等。但从整体上看，秦皇岛市的横向经济联合的步子还赶不上其他兄弟地市。为什么步子迈得不大？有人说是怕担风险，有人说是工作不扎实，这些问题确实存在，应当克服，但这不是本质的东西。市委认为主要原因是凡事总想“以我为主”。只要你来到秦皇岛“一亩三分地”上，一切就得我说了算，必须“以我为主”。秦皇岛市基础差、底子薄，要一切“以我为主”，就很难办成几件事情。因此，市委认为要想加快横向经济联合的步伐，必须从实际情况出发，确立正确的指导方针，这个方针应当是：在宏观上以我为主，使秦皇岛市的发展符合《经济技术社会发展战略》，符合《城市建设总体规划》；在微观上，在多数具体项目上，要以他人为主，甘当配角，大力发展多种形式的联合。这样可以弥补我们在资金、物质、技术上的不足，吸引四面八方的各路财神都来开发秦皇岛，求得发展。当然这是指多数而言，在个别项目上，有些企业和产品，具备了龙头条件的也不排除以我为主。有了正确的指导方针，再加上开明一点的优惠政策，我想，横向经济联合的发展以及整个秦皇岛市的发展，一定能加快步伐。

从实际情况出发　谋划有秦皇岛特色的发展战略

赵　铭

按：赵铭同志是研制发展战略组织者之一，为使读者对研制发展战略过程中若干指导思想有个连贯性的了解，特将赵铭同志这篇文章收录采用。下面是赵铭同志文章原文。

经济技术社会发展战略，是具有全局性、长远性的谋划。秦皇岛发展战略，是在全国、全省总体战略指导下的区域性战略。研讨和谋划工作必须坚持实事求是、从现有市情市力出发；坚持把党的方针政策同秦皇岛的实际结合起来；坚持同全国、全省发展战略紧密衔接；坚持经济技术社会三位一体。一句话，就是要搞出有秦皇岛特色的发展战略。

一、谋划发展战略必须正确认识市情市力

正确分析市情市力，是制定发展战略的基础，谋划战略的过程又是对市情市力反复认识的过程。对秦皇岛市情的认识，绝不可以仅仅囿于地理区划、行政区划，而应从全省、全国甚至世界的角度，来认识它的功能作用和经济后盾，从广阔的经济空间来设计它的动态形象，把它的开放、开发和建设同全国、全省和京津唐的总体战略结合起来，同港口腹地的战略协调起来。只有这样提出问题和认识问题，才能高屋建瓴，才能真正认识秦皇岛的特征、优势、历史重责和未来发展的制约因素。

正确认识市情市力，必须全面分析影响全市经济发展的各种条件和因素，根据客观经济规律和自然规律，找出充分的科学依据。这里的关键，是正确认识自己的优势。从这个立足点出发才能确立正确的战略指导思想和有效的战略对策。秦皇岛最突出的战略优势是港口。港口不但决定了秦皇岛这个城市的形成，也决定着其未来发展的前途。谋划战略应该在发挥港口优势上大做文章，寻求“以港兴市、以市促港”的途径。旅游别具特色是秦皇岛的又一战略优势，也是影响城市性质的重要因素。此外，优越

的地理位置，北戴河海滨的“夏都”功能，等等，都是秦皇岛得天独厚的战略优势。除了战略优势，还有相比较而存在，发展中可能转化的相对优势，如历史悠久、技术力量雄厚的玻璃工业，丰富的山野资源，浅海滩涂资源，等等。这些优势是城市发展赖以依靠的基础，也是谋划战略最基本的因素。对秦皇岛未来发展的制约因素和不利条件，如科技落后、人才匮乏、城市基础设施差、承载能力弱、水资源缺乏，等等，必须准确地提出问题，并科学地提出理据和数据，客观地进行分析。

认识市情市力，不可能也不应该一蹴而就，必须随着调查研究的不断深入，对历史资料和现实情况的反复分析和正确研讨，不断地修正自己的认识，提高自己的认识，使思想不断深化。任何一个成功的战略，无不经历了这样一个周而复始的过程。

二、确立正确的战略思想是最高层次上的谋划

秦皇岛是全国 14 个进一步对外开放的沿海港口城市之一。谋划秦皇岛市发展战略的指导思想，必须坚持“面向现代化，面向世界，面向未来”，从未来发展的总趋势和肩负的历史重责出发，充分考虑现实条件，确定自己的开放振兴之路。

战略思想的核心，是战略方针的抉择。确定战略方针，必须充分考虑两个最基本的因素：一是改革，这是实现对外开放经济模式的经济体制的手段，不改革就没有出路，就不可能振兴，必须把改革放在首位；二是港口，这是对外开放和经济发展的基础和先决条件。战略方针必须充分体现港口与城市相辅相成、互相促进、互相依赖的密切关系，坚持以港兴市、以市促港。

鉴于秦皇岛市的现实基础，从内向城市变为全方位开放城市，必然引起经济技术社会各方面的深刻变化，不仅有数量的变化，而且有本质的变化，从人们的观念到生产建设的物质生活，都必须有一个不断更新和转变的过程。一是认识上转变，从局部认识秦皇岛到从全局上认识秦皇岛，从静态认识秦皇岛到动态认识秦皇岛；二是在经济循环的导向上转变，从封闭内向型逐步转向开放外向型，把国内、国外两大循环系统有机地结合起

来；三是在经济布局上转变，由主要集中在城市转向城乡一体、以城带乡；四是在产业技术结构上转变，由劳动密集型为主，转向知识技术密集型为主，由主要依靠资源优势转向主要依靠技术优势，不断吸收、应用世界新技术革命的成果。

改革是一场深刻的革命，对外开放是一场深刻的变革，必然触动许多方面，矛盾是错综复杂的，必须正确处理各个方面的关系，坚持配套改革、协调发展。如物质文明建设与精神文明建设的关系，经济建设与城市建设的关系，基础建设与经济发展的关系，经济发展速度与效益的关系，新建与改造的关系，等等。在战略思想的谋划和确立过程中，必须予以科学而又充分的阐述。

在总的战略思想指导下，实事求是地确定既切合秦皇岛市实际情况，又能和全国、全省及其他地区相协调的战略目标，并确定实现战略目标的步骤、重点及基本对策。考虑到秦皇岛市的现有条件，总的策略思想应扬长避短，趋利避害，走循序渐进兼有超前跳跃式的路子。具体策略应当是积极的，充分体现敢于竞争、善于联合，勇于打出去，而不是躲、闪、靠的消极策略。这个思想，应贯穿战略始终。

三、“一个模式三条主线”是秦皇岛市战略特色的集中体现

谋划秦皇岛市发展战略，必须弄清城市性质及它的战略地位和发展趋势，具体体现党中央“七五”建议和国家“七五”计划对东部沿海工业区以及对沿海开放城市的要求，具体体现全省战略对秦皇岛市的要求，把这些要求同秦皇岛市的实际紧密结合起来。只有这样，战略才有特色。具体讲，就是要自始至终贯穿一个模式、三条主线，即：沿海开放城市模式，对外开放、城乡一体、两个文明建设同步发展三条主线。

沿海开放城市模式就是要求秦皇岛必须走在全国四化建设的前列，在全省乃至更大的经济区域中发挥外引内联的纽带作用，对内对外的辐射作用，知识、技术、管理、对外政策的窗口作用，使秦皇岛市真正成为以港口、旅游为主的，具有自己产业特色的文明开放城市，使秦皇岛地区成为率先富裕起来的地区。

贯穿对外开放主线，就是以进一步打入国际市场为目标，以贸工农为指针，以增强出口创汇能力为重点，对外开放，对内联合，全方位开展经济技术的交流与合作。这是国家赋予沿海开放城市的历史重责，也是城市性质所决定的。由于在这些方面秦皇岛的基础比较薄弱，因此必须在外向型循环导向的指导下，坚持外向发展与内向发展并重，对外开放与对内联合并重，以对外开放带动对内联合，以对内联合作为对外开放的后盾。通过参加国际市场竞争，壮大自己的交换能力和辐射能力，把参与国内竞争作为走向国际市场的跳板。总之，就是要由双向型逐步发展到外向型。

贯穿城乡一体主线，就是要充分发挥城市和乡村各自的优势，建立城乡互助互惠、相得益彰的新型关系。城市靠经济机制，靠辐射、吸引、牵动，促进农村经济的发展。农村经济的发展逐步纳入城市经济发展的轨道，从而形成以城市为中心、以城镇为纽带、以农村为基础的城乡经济体系。

贯穿两个文明建设同步发展的主线，就是在搞好经济建设的同时，不断地加强精神文明领域各个方面的建设，对科技、教育、文化等方面的发展目标，实现目标的途径，等等，都要提出战略设想，特别是要强调以马克思主义为指导的政治思想工作、民主与法制建设，不断开拓人们的精神领域，改变传统观念中某些陈腐的东西，克服在对外开放和新旧体制转换中出现的某些消极现象，锤炼与改革开放、物质文明建设相适应的品格，培养有理想、有文化、有道德、有纪律的一代新人，在全社会建立和发展新型社会关系。总而言之，秦皇岛不但要成为物质文明的窗口，也要成为精神文明的窗口。

上述一个模式、三条主线，不但要在战略思想部分中集中地进行深刻的阐述，而且要贯穿于发展战略的各个章节。通过传统的叙述章法和朴实的语言，从定性和定量两个方面作出具体的勾画，使人们看了以后能够在脑海里形成清晰的图像。

1986 年

秦皇岛市制定发展战略的五条经验

一、市委主抓，政协主办，人大常委会、政府配合

研究制定发展战略涉及面广，任务繁重，是一项复杂的系统工程，必须选好主办单位。对此，秦皇岛市的做法是市委主抓，市政协主办，市人大常委会、市政府配合。市政协担起重任有利条件有三：一是政协人才荟萃，聚集了秦皇岛各方面一批有识之士，他们对于谋划发展战略积极性很高，大可发挥他们的聪明才智和知识专长；二是市政协聚集着各方面的代表，考虑问题面广，比较超脱，有利于战略创新、更新观念；三是市政协相对来说事务工作较少，有利于集中时间、集中力量进行研制。实践证明这样安排是正确的。

二、转变观念，正确认识市情

转变观念、正确认识市情，是研究制定发展战略的前提条件。所谓转变观念、正确认识市情包含两层意思：一是必须通过调查市情，弄清秦皇岛市所处的地位和它的功能、作用、特点、优势以及制约因素等；二是怎样认识秦皇岛，改变以往观察秦皇岛的角度。

为了搞清市情，采取领导与专家和实际工作者相结合、专业班子与群众相结合、市内调研与市外调研相结合的做法，进行了长达八个月的调查与研究，搞清了市情。并从两个方面改变了观察问题的角度：一是由局部角度观察问题转向从整体角度认识秦皇岛；二是由静态的现状角度观察问题，转向从动态未来发展的角度认识秦皇岛。在此基础上对市情进行了综合分析，提出重新认识秦皇岛，使市情系统化、定量化，为研究制定发展战略奠定了基础条件。

三、突出特色，勾画未来的发展蓝图

突出特色，就是发展战略必须反映出自己的特点，才能勾画出符合实际的未来发展蓝图。秦皇岛市发展战略针对本市所处的地理位置重要、优

势突出、环境优美的特点，突出了港口海运、旅游和地理位置优越的特色。

勾画未来的发展蓝图，包含三部分内容：一是城市未来的发展方向。对此，秦皇岛市发展战略明确提出：努力把秦皇岛市建设成为充分体现以港口、旅游为主，轻型产业结构，环境优美、功能健全、道德风尚好、全方位开放的新型城市；二是要实现的战略目标。秦皇岛市发展战略，根据国家的战略目标，结合本市实际，从经济发展、科技进步、国民收入、对外贸易等方面提出了高、中、低三个综合方案，选取中方案为战略目标；三是为实现上述目标，确立战略指导方针和指导思想。秦皇岛市发展战略针对自己的特色确立了“以港兴市，以市促港”港城共兴的战略指导方针。同时针对秦皇岛市经济基础落后、劣势明显以及隐患存在的制约因素，确立了不和别处盲目攀比，“走自己的路，打基础，求发展”的指导思想。

四、正确处理三个关系

在研制发展战略过程中必须处理好以下三个关系：一是局部与全局的关系。地区性的发展战略所确定的战略目标，必须置于国家“翻两番、奔小康”总目标之下，以实现自己的战略目标来完成国家确定的总目标。秦皇岛市的发展战略充分体现了这一点；二是当前与长远的关系。谋划发展战略就是谋划全局性的长远主动。否则，只考虑当前主动而影响未来的主动不是一个好的发展战略。相反，只考虑长远主动，不考虑当前主动，同样不是一个好的战略。秦皇岛市的发展战略始终贯穿了立足现情、面向未来通盘考虑，争取主动；三是经济区域与行政区域的关系。谋划发展战略，不同于处理行政事务，不能只从市属县区出发，而应从经济区域出发，放开思想，统筹考虑。对此，秦皇岛市发展战略始终把秦皇岛看作既是京津唐经济区和环渤海经济区中的一个支点，又是一个以城市为中心的经济区，还是华北、东北两大经济区接连地带和南北陆海运输的交汇点，以此谋划未来的发展。

五、人大审议，公布实施

秦皇岛市发展战略形成之后，考虑到实现发展战略的时间跨度较长，要有几届政府接力组织实施，为了保证实施的连续性，市人民政府提请市人民代表大会常务委员会进行审议。市人大常务委员会为此召开了第二十次会议，并作出关于《秦皇岛市2000年经济技术社会发展战略》的决议，使发展战略具有法律效力。不论哪一届人民政府，都必须保证实施。只能在实施中加以完善深化，不能另搞一套，也不能因政府主要成员的更换中断实施。同时表明决定实施和终止发展战略的权力在市人民代表大会或人大常务委员会，其他任何行政首长无权终止实施。

以港兴市 扬长避短 开拓未来

——白芸生答《开发报》记者问

（一九八六年十月十七日）

本报讯 记者张金题、张启报道：秦皇岛市作为沿海对外开放城市，正处在起步阶段，面临着城市综合服务功能的强化和经济、技术、社会发展的战略转变，最近，秦皇岛市委书记白芸生同志回答了记者就争取战略发展的主动权，全面地、动态地认识和分析市情，找出一条适合秦皇岛经济、技术和社会协调发展路子的战略构思和战略重点等提出的问题。

问：请您谈谈制定《秦皇岛市2000年经济技术社会发展战略》的背景、指导思想是什么？

答：弄清市情市力是谋划战略的基础。人们对秦皇岛市市情的认识经历了由肤浅到比较深入、由狭隘到比较广阔、由静止到动态的发展过程。1984年4月，国务院把秦皇岛定为沿海开放港口城市之一，令人瞩目。但对秦皇岛走什么路子，建成什么样的城市，却众说纷纭。有人认为要“一步登天”，是“河北省的深圳”。我们也提出了“抢先快上，以快取胜”的口号，表面上搞得轰轰烈烈，实际效果并不理想。有经验，也有教训。

事实促使我们重新认识秦皇岛。多少年来，由于受“左”的影响，秦皇岛发展缓慢，基础差，底子薄，既没有形成区域性的中心城市，也尚未形成对外开放的“窗口”。去年以来，我们通过调查论证，认识到在构成秦皇岛市市力诸因素中，显著的特点是港口，它在秦皇岛市的经济现实和未来发展中都占据十分重要的位置。港口是秦皇岛市经济发展和对外开放的重要基础和先决条件。因此，我们提出了“以港兴市，以市促港”的战略方针。

在新的历史时期，秦皇岛市面临的战略任务是：秦皇岛市必须走在四化建设前列，在省内以及更大的经济区域中发挥外引内联的纽带作用，对内外的辐射作用和知识、技术、管理、对外政策的“窗口”作用。从这个新的起点出发，秦皇岛市的经济技术社会发展战略应以“面向现代化，面向世界，面向未来”作为根本指导思想，走循序渐进兼有超前跳跃式的开放振兴之路，努力把秦皇岛建设成为充分体现港口、旅游为主，轻型产业结构，环境优美、功能健全、道德风尚好、全方位开放的新型城市。

问：秦皇岛在发展中有哪些优势和有利条件？

答：经过历史的沿革和新中国成立后的开发建设，秦皇岛已初步具备三大优势：

一、港口海运发达

秦皇岛港为北方不冻良港，与港口配套的铁路、公路连接成网。港口现有21个泊位，1条输油管道，17条国内外航线。港口设施比较先进，煤炭、杂货装卸机械化程度较高。1985年吞吐量居全国第二位，是全国最大的能源中转港。对华东、华南的经济发展具有重要作用。港口两翼的124公里海岸线，可容纳较大规模临港产业。

二、旅游独具特色

秦皇岛不仅气候宜人，而且有长城、关城、“天下第一关”等人文景观，对国内外游客有较强的吸引力，发展旅游事业前景广阔。

三、地理位置优越

秦皇岛属京津唐经济区，且与东北经济区联系密切，又处在环渤海经济区的中心地段，可借助周围的经济、技术力量发展自己，获得水涨船高之利。秦皇岛是河北唯一的海港城市，是华北、北京的重要门户，港口腹地辽阔，长期以来与天津港有较为密切的协作关系，有利于发展横向经济联合。随着旅游事业的发展，可吸引和汇集人才，搜集信息，发展同国内外的经济技术协作。

此外，我们的玻璃工业也是一个重要的优势。玻璃工业在秦皇岛已经具备一定的规模，耀华玻璃厂的玻璃在国内外享有盛誉，现在年产平板玻璃600万标箱，国家出口的玻璃主要是耀华厂提供的。

问：秦皇岛在未来城市发展中有没有战略重点？是什么？

答：有。进一步对外开放，标志着秦皇岛市的建设和发展进入一个新阶段——将要大力发展国际商品经济。这就要求秦皇岛在未来经济循环的导向上，由封闭式、内向型逐步转向开放式、外向型，把内向发展与外向发展两大循环系统有机结合起来，担负起对内对外两个扇面的辐射功能。因此，面向国际市场，走贸工农并举的路子，增强出口创汇能力，必然成为整个城市发展的战略重点。为了保证这个战略重点，应紧紧抓住如下几个方面：

一、积极促进港口由单一功能向综合功能发展，振兴临港产业

港口未来发展的趋势是，煤炭输出能力逐步增强，并由单一功能逐步向综合功能发展，实现国家码头与地方码头、能源中转与杂货中转、国内航运与国际航运、货运与客运有机结合，形成一个以能源输出为主的综合性的国家北方大港、世界最大的煤炭输出港。为此，港口建设将是秦皇岛今后建设的首要任务。城市应主动搞好配套和服务，千方百计保证国家确定的秦皇岛港发展规划的实现。适时建设以中小泊位为主、杂货运输为主的地方港口，为大港分流配套，拾遗补阙。积极争取尽早开通客运航班，并逐步由国内航班向国际航班发展。

围绕港口，合理开发海岸线资源，发展以运、储、工、贸为主的临港产业。第一，发展海洋运输业。第二，发展仓储业。第三，发展临港工业。第四，促进建立河北口岸，把内蒙古、山西、东北部分地区和冀东、冀北等地区的物资吸引过来，发展对外贸易；同时，逐步建立自己稳定的商品出口基地，提高工农业产品的出口率。

二、以扩大创汇为目标，发展旅游事业

在吸收国内消费资金的同时，注重吸引国外游客，增加旅游创汇，逐步使旅游业由内向型向双向型发展。

针对北戴河功能的变化和创汇旅游的需要，必须合理调整旅游布局。总的方针是“东引西延”。将游客引到东山的旅游新区；使山海关成为一流的旅游胜地。把北戴河旅游区延伸到“黄金海岸”，进而形成以山海关

为中心的长城旅游带和渤海旅游区。

三、超前改造和发展玻璃工业

它的前途在于深加工、高质量、多品种，因此，应适当集中人力、物力、财力，超前改造和发展玻璃工业，把秦皇岛真正建设成为国家一流的玻璃工业基地，充分发挥玻璃工业的潜在能力。第一，对现有玻璃行业进行改组联合，上质量，创名牌，多创汇。第二，集中玻璃行业的科研、技术力量，加强玻璃工业的基础理论和技术理论研究，实现科研、生产、加工的系列化。第三，利用耀华玻璃公司历来同国际国内的经济技术联系，准确把握国内外市场信息和技术信息，有针对性地调整产品布局，开拓市场，占领市场，建立有活力的玻璃出口基地。第四，发展深度加工，逐步形成优势产品系列，注重向建筑业、机械工业、轻工业、电子工业、医疗工业和新兴工业的横向联合，借助相关行业的发展，不断创造新的加工系列。

四、发展建材工业，使其迅速成为秦皇岛新的支柱产业

随着玻璃工业的发展和铝材加工业的兴起，必然有力地推动传统建材和新型建材工业的发展。

传统建材要在统一规划、保证生态平衡的前提下，既要考虑到本身的资源、技术条件和市场需求，又要考虑到唐山、锦州等周围城市的行业布局，进行行业对话，取人之长，补己之短；既要联合协作，又要有自己的特色。与此同时，积极发展新型建材和室内装饰材料。

五、按贸工农方针，发展农村商品经济

农村经济的发展，按照各地不同的资源情况和产业基础，逐步增强各种产品、商品基地的技术装备，改善生产条件，不断提高商品率和出口率。

问：要实现这个战略重点，准备采取什么战略对策和具体的措施？

答：针对秦皇岛市地位重要、基础落后，优势突出、劣势明显，环境优美、隐患存在的实际情况，要采取的基本战略对策是：扬自己之长，避自己之短；以人之长，补己之短；以整体之长，克局部之短。实现经济、技术、社会协调发展和良性循环。具体措施有九条：

一、扬长避短，以优取胜；

二、引优补劣，发展横向经济联合；

三、面向经济建设，发展科教事业；

四、有步骤地进行行业改造，发挥整体优势；

五、节约用水，消除缺水的制约因素；

六、严格控制市区规模和人口的增长，搞好环境保护，保持生态平衡；

七、开辟资金融通渠道，千方百计筹集资金；

八、建立与经济社会发展相适应的人才队伍；

九、实现发展战略，必须把改革放在首位。

考虑到实现这个战略的时间跨度较长，可能要更换几届领导人。为了保证经济发展的连续性，已由政府提请市人大常委会审议通过，以法律的形式固定下来，这样就使今后各届领导都能像跑接力赛一样，一棒一棒地接下去，只能逐步完善，不能随意另搞一套。

李昌等人对秦皇岛市发展的咨询意见

1987年2月21日至28日，以中顾委委员李昌同志为主的由12名部、局级干部组成的中国科协地区开发研究咨询中心考察组来秦进行了为期8天的考察。考察组回京后，整理出对秦皇岛市发展的咨询意见。咨询意见如下（摘要）：

一、秦皇岛市经济发展的新阶段及战略目标

根据改革、开放、搞活的方针和党中央、国务院对秦皇岛的重大决策，秦皇岛市在1983年从唐山行署代管的市改为辖有4个县的省辖市，1984年列为我国14个沿海开放城市之一。从此，秦皇岛市开始了蓬勃发展的新阶段，它进一步成为连接首都、河北省其他地区，华北、西北、东北的能源输出的北方大港和我国南北沿海的货物交流中心。去年吞吐量达到4800多万吨，仅次于上海，它的作用在14个开放城市中可与大连、宁波相媲美。秦皇岛市包括港口、开发区、城区和四个县。它是开放城市又毗邻北京、天津、唐山等城市，将较快地发展贸易、生产和科学技术，有可能成为河北省经济最发达的地区之一。

自改变行政体制和对外开放的短短三年来，秦皇岛市的经济形势发展很快。第一，正由单一的能源运输向同时以散杂货动力为辅发展；第二，连接港口的铁路、公路、航空、通信网络正在继续大规模修建（铁路中包括神（木）张（家口）线）；第三，迁建了前身为国家重点大学、教学水平较高的燕山大学（它已有80多名教授、副教授），增加了秦皇岛市的科技实力；第四，经济开发区已经吸引了一些外资企业；第五，港口的吞吐量正逐年增加，综合创汇能力已从1980年的4.8亿美元增加到1986年的7.9亿美元；第六，市郊县的社会总产值从1984年的25.5亿元增加到去年的31.4亿元；第七，以北戴河避暑、海水浴为中心的旅游事业正在扩展。

但是，在新的形势下，秦皇岛市还存在着一些薄弱环节和制约因素。第一，以贸易为主要导向的有计划的商品经济体系还没有完全建立起来；第二，

城区和郊区（县）工农业生产的物质技术基础，除玻璃和钢结构桥梁行业外，底子较薄，特别是青龙县还是全国极少数贫困县之一；第三，市区基础设施建设跟不上发展的要求，特别是电源、水源缺乏；第四，燕山大学还未完全建成，市教育学院尚待加强和充分发挥作用，中小学教师有相当部分不合格；第五，旅游业淡季长，国外游客少，经济、社会效益不高。

我们赞成市里提出的战略思想。但要补充一点，挖潜力，即，“走自己的路，挖潜力，打基础，求发展”。国家投资总是有限的，重要的是把本市城乡蕴藏着的巨大潜力挖掘出来。这也符合中央最近提出的艰苦奋斗、勤俭建国的精神。

“走自己的路”，什么是秦皇岛自己的路呢？同世界各国相比，中国现代化建设有自己的道路，就是坚持四项基本原则，实行改革、开放、搞活的方针，建设有中国特色的社会主义，也就是团结奋斗，自力更生，把中国建设成为高度文明、高度民主的现代化社会主义国家。同全国各城市相比，秦皇岛市建设有突出的地方特点，就是要充分运用本地区的优势，更好更省更快地把本市建设成为具有鲜明特色的现代化社会主义北方港口城市。

秦皇岛市的优势有：1. 秦皇岛港已经并将继续成为我国以能源运输为主的北方最大吞吐量的港口；2. 拥有在我国城市中少有的发达的交通网络（铁路、公路、航空和航海网络），而且具有广大腹地和丰富货源；3. 拥有以北戴河为中心百里海滩的休养旅游资源和山海关长城等人文景观旅游资源；4. 毗邻首都、天津和唐山等城市，有着雄厚的科技文化支援力量；5. 机械、建材、纺织、服装、食品、轻工等产业已有一定基础。昌黎、抚宁、卢龙、青龙四县有丰富的人力、土地、生物和矿产资源。乡村企业也有初步发展。发挥这些优势，秦皇岛市必将建设成为贸易导向、运输发达、旅游兴旺、技术进步和风气良好的我国最大的社会主义口岸城市之一。

二、秦皇岛市经济发展的中心问题

当前秦皇岛市经济发展的中心问题，是建立以贸易（国外和国内）为导向的有计划的商品经济体系。秦皇岛市是沿海城市（包括城区和郊县），根据国家的需要，要实行贸工农的方针，即发展以外贸为主要导向的加工业和农业，不断提高创汇能力。同时，这里进出的物资三分之二左右又是沿海船运，沟通大陆南北，国内贸易也是重要的。

但是，秦皇岛市的“贸”主要是通过货物运输体现的。所以，它的以贸易为导向的有计划的商品经济体系的核心，是要形成贸易、货源、码头、船运的良性循环。

现在最突出的问题是管理体制不适应，贸易这个制导环节不健全。全市政企不分，行政管理为主，条条林立，条块分割，经济不能形成一个有机的整体。这样，结构上的缺陷，就导致了这个港口城市的功能不能充分发挥。首先，这里的海运：一是国家外贸物资；二是国家一级各部门和单位的内外贸物资；三是地区外的各省、各地区的内外贸物资；四是本地区的内外贸物资。除第四部分外，在目前体制下，各系统受各自上级的指令，独立经营，相互分立，秦皇岛市是难以统筹协调的。就秦皇岛市本身的经济管理而言，计、经委及其所属部门担负正常的规划和组织国民经济的运行，又有管开发区和外引的外经部门，管内联的协作办和按省外贸部门指令收购地区出口物资的外贸局等，用行政权力管理经济的机构繁多，这些几乎都是平行作业，而且还有增加的趋势。但是行政管经济的机构越多，市、县、乡统一的经济管理职权越分散，全市的经济活力就越小。

看来，和全国各地情况基本相同，经济体制、政治体制的改革是关键，不改革是没有出路的。党、政、企在职责和工作上要适当分开，党不要包办政，政也不要包办企。要合编和精简政府管理经济的重叠机构，取消行政性公司，而建立真正的经济实体的贸易公司，比如建立市级的贸易总公司，它是在市党政领导下的经济法人，经营全市的外贸（国外、国内），管理分公司，建立新专业公司以及同国外和国内建立合资公司，在国内外从事经济活动。公司可以横向联系，外引内联，在国家政策和计划指导下平等互利，公平竞争。在遵循经济发展规律的基础上形成本市合理的经济秩序。本市还要建立一些为开发所必需的专业公司，如秦皇岛市船运公司、旅游公司等。

为了在民主基础上进行行业管理，建议成立贸易和各专业行业协会。

这样，属于不同系统、不同层次的、在本市的经济机构都可派出代表，民主团结，共商发展本行业的大计，而使秦皇岛市形成一个完整的经济体系。

我们觉得，港口下放到市统一管理是有利的，因为港口和本市其他的经济机构有着千丝万缕的联系。为了加强领导，国务院和省政府要多督促，多扶持。我们还建议：掌握外贸职权的河北省外贸部门，在这里设一分支机构，就地办公行使职权，可能更有利于发挥这个口岸城市的龙头作用。这样有利于简化外贸办事过程，提高工作效率，促进外贸，增加货源，扩建泊位，振兴船运。同时也有利于首都、河北省其他地区和华北、西北、东北经本市港口增加出口、创汇。

就货源而论，当然，发展邻港工业具备有利条件和工农业生产是必要的，但也不一定要建立大的邻海工业发达区（MIDA，MARITIME INDUSTRIAL DEVELOPMENT AREA），因社会主义计划经济的特点，通过运输网络，可以把首都、河北省其他地区以及华北、西北、东北的广大腹地联络起来。比如到 90 年代初期神木、东胜煤田第一期工程完成，预计秦皇岛市增加至少 1000 万吨优质煤的运出。现在的问题是码头，尤其是散杂货码头和仓库修建不及时。而且本市没有和港口固定连接的商船队，因而货不能畅其流，更不利于用船运促进贸易，这就是说贸易、货源、码头、船运的良性循环还急需建立和完善起来。

三、秦皇岛市的产业结构

秦皇岛市（城乡）是以贸易为导向，运输、旅游业为特色，工农业发展较快的港口城市。它的产业结构也显示了这个特点，第三产业比重较大，1986 年占社会总产值的三分之一左右，而且发展速度快。同时，秦皇岛市的特点也要求发展轻型结构的加工业，防止环境污染和控制城市盲目扩大。我们认为这将是秦皇岛市今后经济发展的趋势，应该因势利导，“走自己的路”，谋求发展。

第一产业我国规定为农林牧副渔。要贯彻中央积极增加粮食生产、大力发展多种经营和乡村企业的方针，现在人口逐年增加，而耕地逐年减少，人均占有粮食仅有 352 公斤。要稳定耕地面积，发展多种经营，特别是乡村企业，以工补农，增加投入和扩大农业经营规模，开展科学种田，以求稳定和增加粮食生产，达到人均占有粮食400公斤和增加农民收入。全市人均国民收入1985年已达730元，农村尚有23万左右的剩余劳动力（1986年劳务输出2.6万人），秦皇岛市资源丰富，而乡村企业产值仅占农村社会总产值的39.4%，低于全国的平均水平（1986年全国乡村企业产值已超过农业产值），所以，应大力发展乡村企业。

第二产业，全市亿元产值以上的有机械、建材（包括玻璃）、食品加工、纺织服装和轻化工业等五大行业，都要实行技术改造，提高质量，开拓市场。总的来说，要坚持以轻型结构为主，同时，限制耗能、耗水和污染企业的建立和发展。

第三产业，秦皇岛市的潜力很大。首先，秦皇岛市是毗邻京、津、唐，连接河北各地区，华北、西北、东北的物资运转的北方最大口岸城市，目前已基本具备运输畅通的物质技术条件，经济建设的中心环节是发展国外和国内的贸易。市、县、区都应考虑，贯彻执行经济体制和政治体制的改革，党、政、企适当分开，建立各级的贸易公司（和改造现有的供销合作社），有效地发展全市的贸易，导向有计划商品经济，建立商品经济研究机构和国内外市场信息中心及其他必要设施等。

另外，是进一步发展旅游业。秦皇岛市的旅游业，是以避暑、海水浴的休养旅游为主，同时，发展山海关和长城等人文景观旅游。抚宁县的南戴河、昌黎的黄金海岸都大有发展前途。同时还可利用旅游床位，举办国际性的健美康复中心，还有中国的气功、武术及其他中西合璧的保健的服务。与此相结合，还可在市区设立有特殊疗效的中医院和中草药的研究服务中心。有效的中医中药和中国的保健术，目前正引起全世界的关注，设立国际性的健美康复中心，不仅是发展旅游业的重大措施，也是宣扬中国文化优良传统和造福世界的一项创举。

四、发展科技和教育问题

秦皇岛市作为我国联结三北、面向世界的以能源输出为主和海运促进五江（珠江、长江、黄河、辽河、黑龙江）流域商品流通的港口城市，急需加强科技和教育工作，以适应三个产业发展的需要和更好地发挥这个港口城市的功能。它毗邻首都和天津两大都市，拥有休养、旅游和景观旅游胜地的优势，也有可能在科技和教育方面取得较快的发展。

建议对本市科技力量作进一步分析，在此基础上采取相应的措施，加强科技工作。不仅要了解总的科技人员的专业和数量，更重要的是要了解中级和高级科技人员的专业和数量。广大的初级科技人员直接联系群众，站在生产战线的前沿，是重要的，但中级和高级专家可以培养和带领初级科技人员，能使之较快成长和更好地发挥作用。还要使用首都和天津等外地的科技力量，争取他们长期兼职、蹲点或临时出差，进行科技合作，提供综合咨询，解决专项问题，开办训练班等，对城乡开展科技服务。秦皇岛市建立以少数专职人员为骨干的开放性的科学技术服务机构，聘请急需的科技人员兼职或短期参加科技服务工作，这是可取的。建议：在建设北戴河植物园时与中国科学院、北京植物园、北京市园林局合作。北戴河植物园以培植观赏植物为主，同时种植和出售花卉苗木，为绿化和美化区内外环境服务，并具有自我发展的经济能力，而不是靠政府投资，以致经费困难而没有生命力。

对秦皇岛市来说，教育是否要考虑采取抓两头带中间的方针？一头是大专院校。本市的大专院校有燕山大学、昌黎农技师范学院、环保干部管理学院、秦皇岛市教育学院等，还有市委直接领导的党校。建议：市委设一高教工作部，对这些学校加强政治思想的领导和业务监督，使这些学校更好地为本市社会主义现代化建设服务。

教育的另一头是小学和初中。要改善教学条件，特别是消灭危险房。青龙县是贫困县，要争取尽快脱贫致富，当前要从扶贫款中划出一笔钱作为专用，并动员民兵劳务支持，有计划、有期限地解决中小学危险房这个问题。全市中小学教师不合格问题也要抓紧解决。如经培训仍不能达到要求的，要坚决调出，不能耽误下一代。从抚宁县了解到高中教师80%不合格。因循下去，浪费物力财力，特别是浪费青年的青春年华，应组织专人研究，提出解决方案。小学、初中办好了，中学（中等职业学校或高中）和产业部门的技工训练班就有了合格的培养对象。

本市教育学院要大大加强教育教学水平。大学、中学都可请北京的退休老教师来兼课，以提高教学质量。问题是教育经费有限。建议加强对校办工厂或校园“庭院经济”的领导，以培养学生的劳动观念，同时开拓一些办学经费来源。《共产党宣言》反对资本主义国家的童工制，但主张社会主义国家“把教育同物质生产结合起来”。

五、两个文明一起抓

社会主义现阶段，我国人民的共同理想是到21世纪中叶，把我国建设成为高度文明、高度民主的现代化社会主义国家，经济接近世界上发达国家水平，人均国民收入4000美元，而第一步是在20世纪末达到经济小康，人均国民收入800美元。在实现这一伟大理想中，秦皇岛市利用自己的优势，发挥主观能动性，无疑将是我国先进地区之一。为此，就要两个文明一起抓，推动这两个历史车轮沿着坚持四项基本原则和坚持改革、开放、搞活方针的轨道不断前进。

抓紧社会主义精神文明建设，就是要坚持以共同理想为社会的发展方向，健全民主和法制，树立良好的道德风尚，这是秦皇岛市顺利发展的思想政治基础。社会主义精神文明建设既是本市正确航向的保证，它调动群众的生产积极性和创造性，又是动力。精神文明建设也将发展安定团结的政治局面和形成诚朴可亲的社会风气，从而使本市人民在社会主义现代化建设中有把握、心情舒畅地前进，并争得省内、国内的支持和国际人士的合作。

精神文明建设总的关键是政治体制的改革。正如邓小平同志在《党和国家领导制度的改革》一文中说的：“我们的各级领导机关，都管了很多不该管、管不好、管不了的事”。即还存在着党、政、企不分，权力高度集中，党不管党，人治而不是法治的现象。建议市委既主要从方针政策上抓紧社会主义物质文明建设，又要抓社会主义精神文明建设，还要把党本身工作抓好，坚持马克思主义思想教育和搞好民主集中制，端正党风。

1987年3月18日

李运昌等老将军重返故地

——回忆山海关之战

中共秦皇岛市委、市政府于1987年5月特邀抗日战争和解放战争中在冀东这块土地上长期战斗过的原冀热辽军区司令员兼政治委员李运昌，原冀热辽十六分区司令员曾克林、副政委唐凯、副司令员李道之，冀热辽军区政治部主任李中权，十六分区十二团副政委刘光涛，十八团副团长马骥，十六分区军法处处长汤从烈以及张智魁等几位老将军重返故地，喜聚北戴河，回顾1945年解放山海关和保卫山海关两次战斗，同时视察秦皇岛市两个文明建设情况。军事科学院的同志也应邀出席。5月17日，各位老将军从大江南北来到了北戴河东经路宾馆，市委书记白芸生，市委副书记、市长顾二熊，副书记刘任英代表市委、市政府对他们的到来表示热烈欢迎和衷心的感谢。老将军们对他们能够重返故地非常高兴，他们说："这次重返故地使我们这些老战友再次相逢，并将有机会见到当年一起战斗生活过的乡亲父老，将看到秦皇岛社会主义建设中所发生的巨大变化，机会难得。"

从5月19日至22日，各位老将军在李运昌同志主持下，在市委党史办参加下，开始回忆解放山海关和保卫山海关的战斗情景。在回忆山海关两次战斗时，老将军们一再强调这两次战斗在当时具有特殊的意义。

1945年8月，苏联根据《雅尔塔协定》[①]和《波茨坦公告》[②]对日宣战，进入我东北境内，向日本关东军发起全线进攻。8月9日，中国共产党中央委员会主席毛泽东发表对日军最后一战的声明，指出："中国人民一切抗日力量，应举行全国规模的反攻，密切而有力地配合苏联及其他盟国作战。"因此，中共冀热辽区党委、冀热辽军区决定先由最靠近东北的

① 指1945年2月11日，苏、美、英三国领导人在克里米亚的雅尔塔发表的会议公报。

② 指1945年7月26日，中、美、英三国在波茨坦会议上的促令日本投降的公告。

第十四、第十五、第十六军分区，分东、中、西三路于当年8月中下旬北出长城，迅速进入东北地区，一面配合苏军对日作战，一面进行接管乃至建立人民政权。曾克林、唐凯率领十六分区部队进至山海关附近与苏军先头分队会师，曾、唐认为攻下山海关，就可以为向东北进军扫除障碍，经请示李运昌司令员同意，尽快占领山海关。

曾克林所部两个主力团担任主攻，苏军配合，经过激烈战斗，8月30日，我军全部收复山海关，毙俘日军和伪军2000余人。这次战斗是东北抗日史上罕见的。山海关刚刚解放，中央就通过延安报纸和广播以及重庆《新华日报》向全国人民宣布，被日军蹂躏12年之久的华北军事重镇山海关光复。

根据时局的变化，9月中旬，党中央进行了一系列的部署，实行了新的全方位战略转移。中央决定：成立东北中央局，以彭真、陈云、程子华、伍修权、林枫为委员，彭真为书记；先后抽调4万余名干部，调集10万余部队挺进东北。

为了确保党中央确立的战略重点的转移，10月中旬，党中央、中央军委在电报中，明确指出控制山海关和与之密切相关之地的极端重要性。遵照党中央和东北局的指示，我冀热辽军区部队第四十六、第四十七团组成第十九旅，由张鹤鸣担任旅长，负责山海关防务。后来又调来二十二旅的六十四团，归十九旅指挥，以加强山海关的防御兵力。

与此同时，国民党军队在杜聿明指挥下，集中其第十三、第五十二军和第九十四军等约7万余人，在美国舰队掩护下，从秦皇岛登陆，并以秦皇岛为依托，于10月25日开始向山海关发起进攻。当时敌军司令部判断我守卫山海关部队有10万人，杜聿明本人估计为5万人。其实我军只有几千人，连同后来增援的山东我军杨国夫所部第七师，总计也不过万余人。10月25日，敌军向我军发起进攻，我守军面对数量、装备占绝对优势，又有美机空中掩护的国民党军队，全体指战员沉着应战，英勇杀敌，多次将敌军阻于我山海关前沿阵地。11月3日，我增援部队山东第七师赶来山海关，两支兄弟部队协同作战，不畏强敌，前赴后继，英勇杀敌，从而守住了阵地，一直坚持了22天，直到11月16日才奉命主动撤离山海关。

解放和保卫山海关之战，是我党我军“进军东北，争取东北”的关键一战，也是控制夺取战略枢纽之战。为党中央、中央军委实现“进军东北，争取东北”的战略部署赢得了宝贵时间，打击了美蒋反动派武力夺取东北的嚣张气焰，打乱了其进占东北的战略部署，在我军战史上写下了光辉的一页。

鉴于山海关之战在我军战史上有其重要的历史地位和作用，老将军们共同商定撰写一本反映山海关两次战斗的回忆录，并成立回忆录征集小组，由袁伟同志负责。

山海关之战座谈回忆告一段落之后，市委、市政府在市工人文化宫隆重举行集会，欢迎李运昌等老将军们重返故地，各界人士1800余人参加了欢迎会，市委书记白芸生代表市委、市政府致欢迎词，他说：“李运昌等各位老前辈，在抗日战争和解放战争时期，长期战斗在冀东这块土地上，他们作为地区党和军队的领导人，领导军民前赴后继、浴血奋战，和冀东地区人民建立了深厚友情。秦皇岛人民永远不会忘记革命前辈们的历史功绩，永远不会忘记为夺取抗日战争的胜利，为建立新中国英勇献身的烈士们！秦皇岛人民将继续在党中央路线、方针指引下，继承革命前辈遗志，夺取社会主义建设事业的更大胜利。”随即由少先队员代表向老将军们献了花。最后，李运昌、曾克林、李中权三位老同志讲了话，以亲身经历回顾了创建冀热辽革命根据地时的艰苦历程，殷切希望年轻一代继承和发扬革命传统，认真坚持四项基本原则，反对资产阶级自由化。他们还勉励在秦皇岛工作的同志和广大党、团员，团结一致，艰苦奋斗，把秦皇岛这个在战争年代的革命先进地区，建设成为社会主义欣欣向荣的地区。

四年期间暑期工作的回顾

暑期工作是秦皇岛市一年一度的中心工作和政治、经济任务。从1984年起，随着秦皇岛市的进一步对外开放，旅游事业得到了蓬勃发展，来秦旅游人数逐年猛增。由1983年的120余万人到1984年猛增到320余万人，1988年已超过500万人。外宾与外商由1984年的887人增至1987年的4249人。

暑期工作搞得好与差，关系甚大。关系到能否为党中央、国务院暑期在北戴河办公和老一辈的无产阶级革命家以及国际友人、全国各行各业先进生产（工作）者在此休假提供一个良好的社会环境；关系到能否为国内外游人服务好；关系到能否利用外商来秦观光的机会多做点生意；关系到暑期经济交流的兴起和发展。因此能否做好暑期工作就成为对全市各级领导和广大干部的实际考验，对两个文明建设程度的考验。

对于秦皇岛市的暑期工作，党中央、国务院和省委、省政府极为重视。每年暑期到来之前，中央办公厅和国务院办公厅以及省委、省政府都要帮助市里做好安排。暑期结束时还要帮助进行总结。

暑期工作是一项涉及面很广的系统工程。它涉及物资供应、游人住食、社会服务、环境卫生、医疗急救、交通运输；也涉及商品展销和旅游景点的管理；还涉及陪同接待、通信保障和安全保卫等。哪一项工作做不好，都会产生不良的影响，甚至出现难以估量的后果。

暑期工作的难度在于各方面的需求远远超过了秦皇岛市本身的承载能力。市区仅有40多万人口，但每年要担负起450万到500万游客的食、用、住、行。而且都集中在6月中旬至9月中旬三个月，人流高峰时每日游客多达15万至20万人之间，约占秦皇岛市区人口的三分之一或二分之一，这在全国其他城市是极为少有的。所接待的国内外重要宾客数量每年约在3000人左右，而且大部分集中在暑期，这在全国一般中等城市也是少有的。尽管难度较大，但经过几年的艰苦努力，城市的承载能力已基本适应秦皇岛市的旅游发展需要。

为了搞好暑期工作，适应暑期工作的需要，市委、市政府打破常规，改变了以往的习惯，以本年的7月1日到来年的7月1日为一工作年度，安排全年的各项工作。四年间暑期工作主要采取了以下抓法：

一、抓物资储备，保障供应。对此，始终坚持“立足自给，多方求援，及早动手，尽早储备”的做法。当年暑期一过，就着手编制来年暑期物资储备计划。所需物资分类排队，凡是本市能够自给的，立足自给；自己满足不了的，就主动赴各地求援，有的还要请国家和省给予调拨。因而每年都要从外地采购大量的肉、蛋、鱼、蟹、烟、酒及日用百货等，还要请求国家和省调拨部分粮食。对于购进的物品实行了定点入库，定时开仓，严格检验，保证质量。这项工作已有专门机构负责。

二、抓生态环境和环境卫生。为使这座旅游城市有个良好的生态环境和卫生环境，几年来在这方面付出了较大的代价，做了大量的工作，年年都搞一批环境项目，使得市容市貌大为改观。从1985年开始先后将处于市中心的造纸厂纸浆部分、水泥厂、皮革厂等停产下马，解决了污染源。并开展了大规模的市区绿化、净化、美化工作。新建了若干街心公园和草坪绿地，在各条街道两旁栽培了不同品种的树木、花草。每年暑期还将数万盆鲜花摆上街道。各疗养院、所、宾馆、旅社均搞了绿化、美化，成为各具风格的庭院花园。北戴河已成为三季有花、四季常青、环境优美的花园小城。秦皇岛、山海关也正在建设成花园式的城区。

为了保证暑期饮食和食品卫生，在暑期，政府有关部门和市、区人民代表要进行数次卫生普检，达不到卫生标准的责令停业或停止销售。此外，清扫街道，清除垃圾，已形成制度。

三、抓职业道德教育和文明服务，形成良好的社会道德风尚。从1985年开始，每年都要联系实际对个体经营户开展职业道德培训，使他们做到遵纪守法、服务态度良好。1986年市委制定了《职业道德规范》和《市民公约》。北戴河区开展了“争做高尚的北戴河人”的活动；山海关区开展了“建一流旅游城区，做文明山海关人”的活动。从1987年起在全市区范围内，又开展了“十大窗口”单位文明服务竞赛和“百日文明服务竞赛”的达标活动。并组织各行各业重温毛泽东同志《为人民服务》的光辉著作。

在加强正面教育、开展竞赛、表彰先进的同时，对于违法行为及时进行了查处。

四、抓服务设施的建设，为游人提供方便。对此，由于坚持了“国家、集体、个人一齐上”的方针，因而服务设施上得较快。在住的方面，全市疗养院（所）宾馆、旅社由1984年的450家发展到1988年的千余家，床位由3万余张发展到7万余张，其中集体和个体旅馆床位由过去的6000余张增加到近2万张。在行的方面，旅游出租汽车从无到有，已发展到500余辆，社会临时服务客车已达3835辆，水上旅游船只已发展到50余艘。在用的方面，为了满足市场和游客的需要，新建了华联、燕山、劝业等商场和海浪花、石塘路市场。此外，旅游品商店已达25个，工艺美术制造业16家。

五、抓道路建设，解决行路难的问题。为了改变原来道路干道少、路况差的状况，从1984年到1988年修复和新建道路37条、立交桥19座，使全市道路四通八达，形成网络。而且路面宽阔，市郊路口易进易出。

六、抓旅游景点的开发，扩大游览区域。秦皇岛市山川秀丽，海域广阔，环境优美，名胜古迹甚多。然而几经战争破坏和历史变迁，有的古迹已被破坏，有的年久失修。为此，从1985年开始积极进行名胜古迹的修复，并开辟新的旅游景点。先后新建了南戴河、黄金海岸两个旅游区。北戴河旅游区扩建了鹰角亭公园，修建了瑞莲阁公园、碧螺塔和莲蓬山瞭望塔。长城旅游区重点重建了靖边楼、临闾楼、老龙头、宁海城、角山长城、韩文公祠和海神庙。长寿山正在建设之中。全市形成了山、关、海、湖、洞、泉人文景观齐全的旅游网络，拓宽了游览区域。

七、抓旅游经济，开拓商品市场。从1987年开始在北戴河试办了暑期商品展销会，福州、泉州和河北各地、市参加了首次展销，成交额近亿元。此后每年暑期都要举办，而且一年比一年办得好。既繁荣了秦皇岛市商品市场，满足了游人的需求，又发挥了秦皇岛市对外对内的窗口作用。

八、抓交通管理，形成良好的交通秩序。每年暑期大约有3.5万辆汽车从市区通过。出入北戴河车辆日高峰多达14000多车次。为使车辆有秩序地及时通过，避免交通事故的发生，严格加强了交通管理。在做法上:

一是给市交通民警队适当增加了编制，同时请全省各市给予短期支援，解决了警力不足问题；二是增设了交通指挥岗位，凡是交通路口和主要路段均设有交通指挥岗；三是对车辆进行分流，按证各行驶各的线路；四是早7时至晚19时拖拉机一律不得进入市区；五是按照区域划分固定停车场地；六是市内行车严格限制车速；七是严格交通规则，按章行驶；八是加强宣传，进行安全教育。由于采取了上述做法，几年来暑期未发生重大交通事故。

九、抓接待工作，保持忙而不乱。暑期接待工作十分繁重。从1985年到1988年四年期间，据不完全统计，共接待地方和军队负责同志5967人，接待80余个国家的外宾8088人，接待港、澳、台同胞和海外侨胞4148人。为了搞好接待工作，市里建立了暑期办公室，设在北戴河，由一位副市长主抓，专门负责重点接待和陪同工作。此外，市委、市政府、市人大、市政协和军分区五大家按照来客身份，分头接待，各自陪同。再就是国外来宾和港、澳、台同胞以及海外侨胞，属于部门接待的由部门接待。这样就使得接待工作一年比一年好，基本上做到各负其责，热情接待，客人满意，忙而不乱。促进了友好往来，促进了改革开放。

十、抓社会治安，保卫暑期安全。为了做好暑期的安全保卫工作，针对暑期的特点和社会治安的新形势，在市委、市政府的统一领导下，在上级有关部门的支持下，建立了一整套严密防范措施。如实行地区联防，设防堵截；重点布防，昼夜巡逻；加强内保，强化基础；狠抓严打，及时判处等，有力地震慑了罪犯，使各种犯罪分子不敢轻举妄动，有效地保障了暑期安全。

四年来的暑期工作尽管还存在这样或那样的问题，但从总的方面看是比较好的，圆满地完成了历年暑期工作，多次受到中央办公厅、国务院办公厅和省委、省政府的表扬。中央办公厅第一副主任杨德忠同志说："北戴河暑期工作一年比一年搞得好，一年比一年有经验。各项准备工作抓得早，社会治安秩序、卫生防疫、市政建设以及绿化美化都搞得不错。物资供应充足，公共交通也未发生大的事故。希望市里和区里认真总结暑期工作经验，把暑期工作搞得更好些。"

我写三篇短文的由来

第一篇短文题为《强化对农业基础地位的再认识》，是针对当时秦皇岛市各级领导，特别是我本人对农业基础地位没有摆到应有的位置而写的。

秦皇岛市实行市管县体制之后，尽管对强化农业基础地位做了大量的工作，但没有给予足够的重视，未放到应有的位置，究其原因主要是思想认识问题。因此，在这篇短文中集中揭露了思想认识上的差距（并在县以上干部会议上讲过），强调了对农业基础地位的再认识。省委办公厅于1988年1月23日在《情况简报》上，将这篇短文予以转发。

第二篇短文题为《新形势下如何加强对农业的领导》，这是继第一篇短文之后写的。集中写了如何在新形势下，从实际情况出发，按照党中央和国务院的指示精神，加强对农业生产的领导。这篇短文于1989年在《探索与求是》杂志第四期上原文发表。

第三篇短文题为《维护职工在企业的主人翁地位》，是针对当时推行厂长（经理）负责制之后，在秦皇岛市一些企业职工的主人翁地位得不到维护而写的。有的企业对于推行厂长（经理）负责制以后，职工还是不是企业的主人产生了疑问，有的甚至从企业资产关系上否定职工在企业中的主人翁地位。由于对这个根本问题的怀疑和否定，因而对于厂长和职工、生产经营和民主管理的关系也就无法摆正。因此，在文中就有关理论问题和实际工作问题从正面进行了阐述。

这篇短文于1989年5月份写好后，正值北京发生政治风波，只好暂时搁置了起来。直到同年6月28日才将文稿分送给省人大常委会副主任岳宗泰同志、省委宣传部部长刘荣惠同志和省工会主席刘智生同志。岳宗泰、刘荣惠同志见到文稿后，均批示《河北日报》予以发表。刘智生同志将文稿又推荐给《工人日报》，《工人日报》于同年8月8日登载。《河北日报》又让补充一些内容之后，于同年11月发表。

三篇短文原文编入本书。

强化对农业基础地位的再认识

农业是国民经济的基础，并不是新近提出的，已经说了几十年。但实际工作中往往摆不到应有的位置，因此，进一步强化对农业基础地位的再认识，十分必要。

秦皇岛市实行的是市管县体制，四个县人口占全市的80%，面积占95%，工农业总产值占40%多，财政收入占三分之一左右，社会商品零售额占50%以上。农村经济在全市经济的大棋盘上占有举足轻重的地位，农业同样是秦皇岛市国民经济的基础，如果忽视农业生产和农村经济，全市经济就不可能稳定协调发展，城乡人民生活就会出现问题。未来发展对农产品的需求量越来越大，需要农业为其他各业的发展提供良好的保证。回顾历史，总结经验教训，可以清楚地看到：无农不稳，无粮则乱；凡是农业特别是粮食生产形势好，整个国民经济的形势就好，社会也就安定团结。当前治理、整顿必须把农业生产搞上去，以增加农副产品的有效供给。总之，农业问题，绝不是局部问题，而是个事关全局的大问题，不是一般经济工作问题，而是一个重大的经济战略问题，也是一个政治问题，任何时候都不能忽视和放松。

然而，实事求是地说，近几年，秦皇岛市各级领导并没有对此引起足够重视，没有把农业放在应有的位置。究其原因，从市委、市政府来说，主要有以下几点：一是党的十一届三中全会以后，中央连续发了五个一号文件，在农村首先推行了以家庭联产承包责任制为主的一系列改革，广大农民的生产积极性一下子被激发出来，加上多年农田基本建设成果发挥了应有的作用，粮食生产出现了短暂的超常规增长，1983年创全市历史最高水平，基本解决了温饱问题，而且有些地方开始向“小康”迈进。在这种情况下，我们有了误解，认为农业问题解决了，今后主要是推进城市各项改革，抓好城市工作，因而削弱了对农村工作的领导。二是农村实行家庭联产承包责任制后，各级领导片面地认为农业工作用不着多操心，到时候老百姓自然会种好地，而工业生产却不抓不行，因而在一定程度上放松了对深化农村改革、发展农业生产的研究和指导。三是秦皇岛对外开放后，处于打基础阶段，领导精力主要集中在城市基础建设、上项目、搞开发上，加上暑期工作任务越来越重，7、8、9三个月恰是农业生产关键季节，牵扯各级领导特别是市里领导精力较多，所以也相对削弱了对农村工作的具体指导。我们虽然帮助各县研究制定了中、长期发展战略，但对阶段性的、近期发展计划谋划不够。四是市领导包括市直有关部门的一些同志，对于把城市经济工作搞上去特别是把工业生产搞上去与农业的必然联系认识不清，好像没有农业，全市城市经济工作照样能搞上去，没有看到农业上不去将直接制约着其他方面的发展，没有把农业放在基础地位，在一段较长时间里强调“无工不富、无商不活”多，对于“无农不稳、无粮则乱”强调得少，致使全市粮食生产出现了新的徘徊。中央采取果断措施抓农业问题，非常及时。只要我们从思想上提高认识，加强领导，以新的姿态、新的精神风貌，采取切实可行的措施，扎扎实实地抓，农业生产以及整个农村经济就一定会有个新的发展。

新形势下如何加强对农业的领导

新形势下如何加强对农业的领导？我认为，必须解决好以下四个问题：

一、要从战略和政治的高度，强化对农业基础地位的再认识

关于农业的基础地位，已经说了几十年，但我们头脑中并没有牢固树立起来，实际工作中往往摆不到应有的位置上。党的十一届三中全会以后，秦皇岛市和全国其他城市一样在农村首先推行了以家庭联产承包制为主要内容的一系列改革，广大农民的生产积极性一下子被激发出来，粮食生产出现了短暂的超常规增长，1983 年创全市历史最好水平，基本解决了温饱问题，而且有些乡镇开始向“小康”生活迈进。在这种情况下，我们许多同志思想上产生了误解，认为农业问题解决了，今后主要是推进城市各项改革，抓好城市工作，因而削弱了对农业的领导，减少了对农业的投入，致使秦皇岛市也出现了粮食生产连续几年徘徊、粮食以及其他农副产品市场供应紧张的问题。所以，当前加强对农业的领导，首先要进一步强化对农业基础地位的再认识。必须看到，农业是国民经济的基础，粮食是基础的基础。随着人口增加、工业特别是轻纺工业的发展、对外贸易的扩大和人民生活水平的提高，对农副产品的需求量越来越大，需要农业为其提供良好的保证。回顾历史，无农不稳，无粮则乱，凡是农业特别是粮食生产形势好，整个国民经济的形势就好，否则就是相反的结果。治理、整顿中，必须把农业生产搞上去，增加农副产品有效供给，才有利于平抑物价、稳定市场。总之，农业问题，绝不是局部问题，而是个事关全局的大问题，任何时候都不能忽视和放松。

二、要澄清模糊认识，正确理解和贯彻当前农村工作指导思想

去年全国农村工作会议之后，中共中央、国务院专门作出了关于夺取农业丰收的决定，省、市、县又相继召开了农村工作会议，反复强调了发展农业特别是粮食生产的重要性，并研究制定了若干切实可行的措施。这

时，秦皇岛市有些干部提出，现在强调“把农业生产放在首位”与当年搞“以粮为纲、全面砍光”是不是一回事？是不是又像当年那样搞毁林种粮、砍掉多种经营？我觉得，这是一种新的误解。针对这个问题，我在今年元月初召开的全市农村工作会议上强调，当前农村工作总的指导思想应该是：坚持把农业生产放在首位，紧紧围绕夺取农业特别是粮食丰收，实施各自的经济发展战略，全面发展农村经济。会后，我又和县、乡同志反复研讨了这个问题。大家一致认为，过去搞“以粮为纲”，现在强调“把农业生产放在首位”，尽管都突出了粮食生产的重要性，但在实际做法上有着本质区别：过去落实“以粮为纲”是在“左”的思想指导下，以牺牲农业内部其他各业为发展粮食生产的前提条件。比如过去毁林毁果，盲目扩大粮田面积，破坏生态环境；搞所谓“人造平原”，既劳民伤财，又破坏土壤结构，得不偿失；有的地方在农业内部不顾水源、光照、土壤等条件，搞“全部粮田全部麦”。现在强调把农业放在首位，是以提高经济效益为中心，着眼于广大农民普遍富裕，最大限度地满足人们的生活需要，是农民群众的致富之路。总之，当年搞“以粮为纲，全面砍光”那一套，大家吃尽了苦头，记忆犹新，我们决不能再重复过去“左”的一套做法。尤其像青龙满族自治县在“八山一水一分田”的特定条件下，必须在千方百计种好“一分田”的同时，在“八分山”上大做文章，坚定不移地走“栽山上的，挖地下的，养吃草的，加工自产的”路子，只有这样才能尽快脱贫致富。

三、必须明确新形势下领导者指导农业生产的具体职责

最近，我接触一些乡镇干部，有的同志说，抓乡镇企业，发展商品生产，门路少，技术力量薄弱，资金短缺；抓农业好办，轻车熟路。我觉得，现在情况和过去不同了。过去是人民公社“三级所有，队为基础”，上传下达，一声令下，让农民干什么就干什么。现在农村实行了家庭联产承包责任制，实现了所有权和经营权的分离，一家一户分散经营，指挥就不能采取过去简单发号施令的做法。我认为，当前各级干部指导农业生产，主要应该做好以下工作：一是宣传群众，着重搞好三项教育：（1）形势教育，使大家知道十年改革的巨大成就，不改革就没有出路，从而自觉地更新陈

旧观念，积极支持改革，投身改革，顾全大局，体谅国家困难，为治理、整顿作出贡献；（2）法制教育，使大家不断增强遵纪守法的自觉性；（3）义务教育，使大家正确处理国家、集体和个人的关系，明了目前的合同定购既是经济合同，又是国家下达的任务，也是农民应尽的义务。二是研究政策落实政策，用政策统一农民群众的思想，调动他们的生产积极性。三是找准致富路，和群众一起，实事求是地分析当前的优势和劣势，因地制宜地确定各自经济的发展战略。四是认真组织实施各自的发展战略，无论遇到什么困难和问题，也不半途而废。五是抓好综合服务，为群众切实解决产前、产中、产后的各种困难，多办实事。

四、认真总结过去行之有效的好经验，积极探索新经验

党的十一届三中全会以前，特别是“农业学大寨”期间，我市在抓农业生产的指导思想上是“左”的，许多强迫命令“一刀切”、形式主义“大呼隆”等一套“左”的做法，必须加以纠正。但是在具体做法上要作具体分析，比如增加农业投入，大搞农田基本建设，发动群众广积有机肥等，这些都是对的，今后仍要坚持。总结过去的经验和教训，当前在指导农业生产上要做到“五个转变”：（1）组织生产活动，要由过去少数人发号施令，转变为在尊重农民生产经营自主权的前提下，进行必要的协商和正确的指导。（2）发展生产项目，要由过去的单一经营、“一刀切”，转变为在保证粮食生产稳定增长的同时，因地制宜，发挥优势，合理安排，全面发展。（3）落实种植计划和完成定购任务，要由过去单靠行政命令转变为说服引导、政策兑现及必要的行政干预相结合。（4）兴建水利工程和其他农田设施，要由过去不讲经济效益，搞平调，转变为讲求实效，综合利用，分级承包，严格核算。（5）农业生产的保证措施，要由过去的单纯催耕催种，联查评比，转变为落实政策，普及科技，增加投入，搞好服务，致力于为发展生产创造良好的条件。

维护职工在企业的主人翁地位

在深化企业改革，特别是推行厂长（经理）负责制、实行生产经营承包责任制的进程中，一些企业职工大声疾呼“主人翁的地位”和“民主管理权利”得不到保障。实践表明，尽管职工在企业中的地位、作用、权利和权益已在我国有关法律中作了明确规定，但还不能说得到了很好的落实。如不及时改变这种状况，将继续影响职工积极性的发挥，影响企业改革的深化，增加社会不安定因素。解决这一问题，我认为首先应从思想上搞清楚以下几个问题：

一、职工是不是企业的主人

这本来不成其为问题，《企业法》第九条明确规定：“国家保障职工的主人翁地位。”但是现在有一些同志，试图从企业的资产关系上否定职工在企业中的主人翁地位。他们认为，全民所有制企业的资产归全民所有，它的主人是全国人民而非企业内部职工。企业职工不能代表全国人民行使资产所有者的主人权利。我认为，全民所有制企业职工在企业中的主人翁地位不能动摇。这首先是由职工在国家政治生活中的地位决定的。工人阶级是社会主义国家的主人。企业职工作为工人阶级的一部分，除了应以主人翁态度从事劳动、遵纪守法、完成工作任务外，还要行使民主管理权利，办好社会主义企业。《企业法》对职工实行民主管理的基本形式和具有的各项职权，都有具体而明确的规定。在这个问题上，我们既不能把职工的部分当作工人阶级的整体，到本企业以外行使上述权利，也不能把部分和整体分裂开来。如果每个企业职工都不成其为企业主人，工人阶级主人翁的地位也就不复存在了。

即使从资产关系看，仍然可以说明职工是企业主人翁。不错，社会主义企业的劳动者具有双重身份，既是公有生产资料的共同所有者，又是社会分工体系中某个具体岗位上分担特殊职责的劳动者。但是，对全民所有的资产关系作更深层次的思考，就会看到：全体人民为了实现他们的目标和利益，必须把他们对共同所有的资产的管理权及相应责任加以分解，委托给从国家到企业等各级各类组织代为行使和承担。其中委托给企业的那一部分权责，有相当一部分是由企业职工通过民主管理来实现的。因此，职工对企业的民主管理，体现了劳动者对生产资料的共同所有。

二、厂长的中心地位和职工主人翁地位的关系

厂长（经理）中心地位的提出和确立，是发展社会主义商品经济的要求，也是现代企业领导制度的要求。而职工主人翁地位，是我们社会主义国家性质决定的。因此，维护厂长（经理）的中心地位和职工主人翁的地位是办好社会主义企业的基本原则和必由之路，必须在实际工作中使两者相统一。当前，在一些职工中，尽管对厂长（经理）的中心地位还存在着这样那样的看法，但厂长（经理）的中心地位正在逐步树立起来。然而，某些企业中，职工主人翁的地位有所削弱。有的厂长（经理）甚至把自己和职工关系看成是主人和仆人的雇佣关系。据了解，某些公司的承包者实行承包之后就向职工宣布“从今天起这个公司姓我的姓了，我是公司的主人”。由此可见，这些企业领导人并没有把职工群众看成企业的主人。而这种错误的思想认识，必须尽快扭转。

三、生产经营决策和民主管理的关系

实行承包制，企业的自主权扩大了。但绝不应仅仅理解为厂长（经理）的经营决策权的扩大，它还是职工民主管理权的扩大。实行承包制，不但赋予厂长（经理）在企业的中心地位，使其作为法人代表全面领导企业工作，而且实现了相当一部分的管理权向广大职工的复归，这部分管理权过去同样是被国家包揽的。承包制为增大劳动者个人的职责，从而为增强其作为共同所有者和主人的地位和意识，指出了一条现实可行的路。这种职责，是通过职工的民主管理实现的。维护厂长（经理）的生产经营决策和实行职工参与民主管理是卓有成效地推进改革、组织生产、改进经营、搞好分配的一个问题的两个方面。因而，应当是在实行民主管理基础之上进行有效决策，在决策指导下组织生产经营、搞好分配。按照《企业法》规

定，职工代表大会是企业实行民主管理的基本形式，是职工行使民主管理权利的机构。目前一些企业在这方面存在的问题是：有的企业迟迟不建立职工代表大会机构，有的虽已建立，但流于形式，因而职工对企业的改革和生产经营没有压力，不甚关心。当然，也存在着职工和职工代表素质低，不能有效地行使民主管理权利的问题。因此，要真正把职工代表大会建成行使民主管理权利的机构，尚需下番苦功。

上述问题虽然发生在某些企业，但值得引起各方面的重视。有关各方要通力合作，认认真真贯彻《企业法》。维护职工在企业中的主人翁地位和合法权益，保障职工行使民主管理权利，依靠广大职工办好社会主义企业。

一项未能落实的重要建议

打破“封闭型”的对外开放格局的建议，是至关重要的，然而有关同志呼吁了几年未能落实。

1986年通过研制《秦皇岛市2000年经济技术社会发展战略》，明确了城市与港口的关系，确立了“以港兴市，以市促港”的长远方针，提出了港口由单一功能向以能源中转为主的综合功能发展。随着《发展战略》的实施，人们越来越认识到港口向综合功能发展的重要性，只有把以制成品为主的杂货码头发展起来，形成秦皇岛市与国内国外贸易往来的商品集散地，才能打破“封闭型”的对外开放格局。这对秦皇岛市来说是实质性的、最主要的、有战略意义的、直接关系到今后前途命运的大事情。

秦皇岛“封闭型”的对外开放格局是由两个客观状况造成的：首先是在地理位置上，东有大连，西有天津，南有烟台，四市同处渤海湾、同属对外开放城市，呈“凹”字形，而秦皇岛则地处“凹”字形底部，带有自然封闭状况。其次是港口功能较为单一（能源中转），不能形成对外开放性的贸易往来的商品集散地。加之，秦皇岛市没有国际航空线路，形成了“封闭型”的现状。中共中央、国务院之所以批准秦皇岛市为对外开放城市，主要是由于秦皇岛市地处渤海湾，便于从海上和国际通商，成为河北省对外开放的窗口，从而带动经济的全面发展。但目前状况难以如愿。秦皇岛虽然是全国第二大港，但以制成品为主的杂货进出口却要通过天津港，这和省内的唐山、保定、石家庄没有什么区别，使得秦皇岛无法同大连、天津、烟台等沿海开放城市相比。

秦皇岛市对外开放形成的“封闭型”这是客观存在的，而且这个矛盾暴露得越来越明显，即使是现在也还在暴露之中。

打破“封闭型”的对外格局，关键在港口的杂货吞吐规模。牵住这个“牛鼻子”“以港兴市先兴贸”，积极发展以制成品为主的杂货吞吐，使秦皇岛市成为与国内国际贸易往来的商品集散地，“封闭型”的格局就可得到解决。这是关键性的一步。

秦皇岛港以制成品为主的杂货，年进出口量如能达到700万吨以上，形成杂货进出口岸，必将促进全市的对外开放，促进工农业生产的发展，加快“三资”企业的发展步伐。

秦皇岛港发展杂货海上运输已具备条件。其一有码头设备。丙、丁码头已经建成并投付使用，连同原有杂货码头，杂货吞吐能力可达2000万吨。其二有运输船只。万吨级轮船河北省驻秦远洋公司有6艘，河北航运驻秦办事处有1艘（8000吨级也可远洋），秦皇岛市有5艘（包括山海关杨斌公司2艘），共计12艘，均可远洋。其航线航班，可先开辟秦皇岛到我国香港、日本和韩国三条，然后逐渐增加，定了航线航班就可招来货源。其三有港口腹地。秦皇岛港的腹地辐射面较广，有北京、大同、张家口、包头、呼和浩特、赤峰、承德、辽阳、阜新、沈阳（沈阳到秦皇岛和到大连距离相等，货物可两相分流）、抚顺、锦州、唐山等14个大中城市和60多个盟县。具有发展杂货海运的广阔前景。其四有铁路运输。铁路干线京沈、京秦、大秦（在建）及地方铁路共计四条干线均可和海运交汇，这在全国是别处港口不能比拟的。其五还有特殊条件：即从山西、东北等地来的运煤车返回时是空车，而从南来的运煤船是空船，运用空车、空船可运集装箱杂货，有效地降低杂货运输成本，提高经济效益。同时也可解决长期以来空车空船不能衔接的巨大浪费。

实施上述建议，需解决若干方面的实际问题和协调多方面的关系，但只要秦皇岛本身努力，河北省出面组织，国家支持，则完全可以办到。

为了这件大事情，离休干部原市政协主席赵衡、副主席张鄂联、港务局副局长丁克义、环保学院孔繁德等都进行过深入细致的调查研究。在1987年6月上旬，白芸生和顾二熊在中共河北省常委会上汇报秦皇岛市三年来改革开放的工作时，正式提出在秦建立杂货进出口口岸，使秦皇岛成为和国内国外贸易往来的商品集散地。常委同志们听后，认为这个议题很重要。省委书记邢崇智同志说：“这件事情抓紧研究，由省计经委负责，会后就派人去秦皇岛调查研究。”同年9月上旬，河北省委办公厅李昌远、迪黎明两位同志来秦了解有关问题时，白芸生请他们向省委反映，尽快在秦皇岛市建立省的内外贸口岸、发展港口杂货中转的建议并详细论述了具体搞法。9月28日，李、迪两同志将白芸生的建议整理成文字，报送省委领导。省委书记邢崇智同志于10月8日批示：请连松同志找有关部门认真研究一下芸生同志的建议。常务副省长叶连松同志10月9日批示："洪毅同志：是否先将此件复印，发经贸厅、计经委、交通厅（含远洋公司、海运公司）、秦市政府，先考虑个意见，芸生同志的建议很好，如能尽快实施，对河北经济发展，对我省的收益作用颇大。请经贸厅将在秦的五个公司和2200人通盘考虑在内，拿个可行性意见，然后在10月20日前进行研究。"副省长洪毅同志同日批示："同意连松同志意见。请办公厅速办，毛志君同志负责抓一下。"后来不知何故，把这项建议又搁置了起来。1990年在河北省人民代表大会和省政协会议期间，白芸生和张鄂联分别在省人代大会和省政协会议上再次对这件事情进行了呼吁。1990年11月6日至7日政府常务会议上，在省长主持下，对此事作出如下决定：

一、为了加强对秦皇岛口岸工作的领导，拟同意成立河北省秦皇岛口岸办公室，由省里派一名正厅级干部任主任，增加工作人员5名。驻秦办与秦皇岛口岸委合并成立河北省口岸管理委员会，一个机构，两块牌子。口岸委主任由口岸办主任兼任，副主任由秦皇岛市一位副市长和秦皇岛港务局副局长兼任。待省委批准后，在征得交通部同意的情况下，任命秦皇岛港务局副局长兼任秦皇岛副市长。口岸委下设相应处室，可在原编15人基础上超编15人。此事报省委审定。

二、发挥秦港码头作用的关键是货源问题。秦皇岛港务局要搞杂货码头的装卸和集装箱等配套建设，以适应杂货出口的需要。要让利于货主，使货主从秦皇岛口岸走货综合费率不高于其他口岸。在价格、服务、运输速度等方面增强竞争力，争取多拉客户、多建立关系、引导更多的货源。此事由秦皇岛市政府与秦皇岛港务局进行专题研究。

三、我省出口商品要逐步增加从秦皇岛港出口数量，以今年为基数，每年按10万吨递增，作为一项指令性指标，由省经贸委负责落实。

四、要充分发挥外贸驻秦机构的作用，同意将省经贸委驻秦办事处改为外贸分公司，并下达承包指标，增加压力，调动其积极性。

五、逐步通过横向联合或组建企业集团的办法，组建秦皇岛市外运船队，把我省外运船组织起来，为全省和秦皇岛市外向型经济的发展服务。

六、关于秦皇岛……，先争取交通部把杂货码头下放。

七、由宋叔华同志召集秦皇岛市、港务局和省直有关部门并邀请国家有关部委参加，在秦皇岛市召开会议，具体研究如何充分发挥秦皇岛口岸作用问题。

八、《意见》稿由开放办会同计经委、经贸委根据会议讨论意见修改后，作为“讨论稿”印发全省对外开放工作会议讨论。

编写《进一步开放的探索与实践》一书的回溯

中共秦皇岛市委编写的《进一步开放的探索与实践》一书，于1991年7月由新华出版社出版，并在全国发行。该书的出版是秦皇岛市人民政治生活中的一大喜事，是向中国共产党诞生70周年的一份献礼，也是对秦皇岛市进一步开放7年来的历史回顾与总结。

该书是一本综合性的地方史论专辑，既可作为秦皇岛市各单位写这段各自工作历史的蓝本；也可作为紧密联系实际进行社会主义教育的教材；还是进一步推进两个文明建设的重要文献；更是对外介绍宣传秦皇岛的重要依据。必将在推进秦皇岛市两个文明建设，扩大对外影响，供人们关心了解秦皇岛方面产生积极的效果。

一

1988年4月，中共秦皇岛市委把该书的征集、编撰工作交给了党史办负责，1989年3月党史办开始谋划、制订征编方案，同年6月开始征编。当时，正值北京发生政治风波，给征编工作带来了一定的干扰和影响，加之组编力量不足等，工作进展不快。1990年8月15日，当时担任市委书记的顾二熊同志就此事听取了党史办的汇报，要求加快编撰工作的进度，编好这本书。并让党史办同志和白芸生商量，请白芸生参与编撰工作。对此白芸生表示同意，同时顾曰涛同志也参加了进来，加强了编辑组力量，当时工作量还很大，尚有9篇文章近12万字未动笔，还有34万字的征集稿件需要修改压缩。白芸生、朱万义、赵文增、顾曰涛、李景泉、孙静、王家新7位同志经过10个多月的紧张工作，到定稿时又写了7篇文章，近19万字，全部修改了征集稿件，并压缩了约14万字，还请市委政研室王国安同志和市精神文明办同志写了2篇。

1991年5月12日，市委书记丁文斌同志主持召开了专门会议，市委副书记刘任英、朱桂英同志也到会听取了编辑组的汇报，并决定由下列同志组成本书编辑委员会：

顾　问：高恒（省党史办）、张国良（新华通讯社）

主　任：顾二熊、丁文斌

副主任：白芸生、刘任英、朱桂英、许邦（新华出版社）、田玉成、赵铭、陈来立

委　员：程克雄、赵奇、严幼安、卢瑞华、朱万义、赵文增、方明、顾曰涛

主　编：白芸生

副主编：严幼安、朱万义、赵文增、方明

此后，编撰工作继续抓紧进行，于1991年6月23日全部完稿，送新华出版社审定。

二

在编写过程中，对下列问题作了妥善处理：

（一）编写该书的目的与指导思想。1988年4月，中共秦皇岛市委在召开的一次常委会议上，研究确定尽快征集整理秦皇岛市在具有中国特色社会主义建设时期的有关党史资料，为今后改革开放和经济建设服务。当时提出的目的比较笼统，后来在邢崇智同志的序言中和编写出版说明时加以补充和完善，使其更加明确。其目的有四：一是弘扬党的十一届三中全会以来在改革开放中所取得的重大成就。当时考虑到秦皇岛市同其他沿海开放城市相比较尽管有差距，但所取得的成就也是令人瞩目的，把秦皇岛市作为我们伟大祖国和河北省对外开放的一个缩影，再一次证明，并将继续证明着：党的十一届三中全会以来的路线、方针、政策，以及党中央、国务院根据邓小平同志的倡导，实行对外开放的战略决策是完全正确的；以经济建设为中心，坚持四项基本原则，坚持改革开放，是建设社会主义现代化强国唯一正确的道路。二是讴歌党的改革开放政策。展示党的改革开放政策，极大地调动了秦皇岛市人民的社会主义建设的积极性，全市人民拥护改革开放政策，进行忘我的创造性的劳动，取得丰硕的成果。三是探索研究对外进一步开放的经验教训，将开放实践中的“感性认识”产生“理性”的飞跃，升华为理论，从而坚定信念，振奋精神，更加自觉地推进秦

皇岛市的“四化”建设。四是为关心和研究秦皇岛的人们提供翔实的史料和有益的参考价值。同时，借此书向党中央、国务院汇报秦皇岛市改革开放的情况，也作为向沿海兄弟开放城市和全国人民的一次书面汇报。

鉴于上述目的，编辑组同志们又研究确定了编辑出版本书的指导思想，就是运用辩证唯物主义与历史唯物主义，实事求是，积极探索，全面总结，一分为二，力求准确地反映秦皇岛市7年来在进一步开放中的真实面貌与发生的变化。

（二）该书的性质与结构。对于书的性质与结构，首先由市委党史办提出他们的想法，征得新华出版社同意后，书的性质确定为以进一步对外开放为主线的综合性的地方史论专辑。

书的结构采取了围绕主题、分类组稿、统分结合的结构形式，全书分为决策篇、成就篇、思考篇和纪事篇，并附有8个附件，共45篇文章，每篇既可独立成篇，又是统一的整体。

决策篇（共7篇文章）。主要是围绕三个重点撰写的。一是真实地记述了几年来党和国家领导人视察秦皇岛时的重要活动和在视察中所作的一系列重要指示以及落实这些指示的情况。二是回顾了研究制定《发展战略》和实施《发展战略》情况。三是记述了精神文明建设情况。

党和国家领导人视察秦皇岛市时所作的一系列重要指示，均是首次公开发表，这些指示不仅对于秦皇岛市，而且对全国都具有普遍的指导意义，也是研究和编写史志极为珍贵的历史资料。

回顾研究制定《发展战略》和实施《发展战略》情况，不仅使世人对秦皇岛市现状和未来的发展有个概括性的了解，而且也为撰写后三篇提供了前提条件。

成就篇（共34篇文章）。主要是记述了7年来在党的十届三中全会以来的路线、方针、政策指引下，在党中央、国务院和老一辈无产阶级革命家的关怀下，在省委、省政府的领导下，全市人民大胆探索、勇于开拓、艰苦创业所取得的历史性的成就。从城市到农村，从老市区到新开发区；从精神文明建设到物质文明建设；从对外友好往来到经济技术合作、文化交流，全面展示了秦皇岛欣欣向荣的新面貌和所发生的历史性的变化以及未来的美好前景。

思考篇（共 2 篇文章）。主要是回顾了秦皇岛市对外开放的 7 年历程，探讨了进一步开放 7 年的历史方位及其客观意义。总结了 7 年来对外开放的经验教训以及探索在建设有中国特色的社会主义实践中，沿海中小城市拥有共性的一些理论问题和普遍规律。

文章在回顾秦皇岛市对外进一步开放 7 年时指出：这是不断探索中前进的 7 年，经历了“实践、认识、再认识”的过程。其发展进程大体经历了仓促上阵初步探索、进行总体谋划打基础、加快发展步伐的三个阶段。文章在探讨进一步开放所处的历史方位时，从两个不同角度进行了论证：从纵向历史的角度比较，进一步开放的 7 年，在秦皇岛市改革开放的 13 年和新中国成立 40 多年的历史中占有极其重要的地位。短短 7 年使秦皇岛市经济实力和地位发生了重大的变化，并为今后加快发展步伐打下了扎实的基础。从横向的角度相比较，在沿海同类城市中，已初步形成具有自己特色的新型对外开放城市。从纵横向比较可以看出秦皇岛市进一步开放的 7 年，在社会主义建设的历史时期所处的历史方位的坐标。

文章在阐述进一步开放 7 年不断探索的有关中小城市一些共性问题和规律性问题时作了举例说明。

纪事篇（共 2 篇文章）。主要是写秦皇岛对外进一步开放 7 年来的纪事和情况综述。“7 年纪事”分年逐日如实地记述了进一步开放 7 年来的大事和要事，这是重要的历史基础资料。“7 年情况综述”是以市统计部门的权威数字记录了国民经济、社会事业、人民生活 7 年来所发生的重大变化和取得的令人瞩目的显著成就。

（三）该书的时间跨度。该书既然是一本地方史论专辑，写史就有个时间跨度问题。开始时间跨度定为 1984 年 4 月至 1989 年 5 月，集中写这 5 年进一步开放的历史进程。后来考虑到书的出版已经拖到 1991 年上半年，就应当把后两年也写进去。因此，最终定为 1984 年 4 月至 1991 年 5 月，纵贯 7 年。

（四）如何分阶段写史？对于秦皇岛进一步开放7年来的历史进程，因时间跨度较大，需划分阶段把事情记述得更清楚一些，那么，每个阶段怎么划法，标志又是什么，需研究确定。对此，不能脱离历史，必须依据这7年历史进程的实际情况来选定标志划分阶段，于是按照历史的本来面目分为三个阶段。第一阶段从1984年4月到1985年1月，为仓促上阵的初探阶段，其标志是1985年1月17日河北省委召开的秦皇岛市工作汇报会。在这次汇报会上，省委对秦皇岛今后如何搞好改革开放指明了方向，指出了工作入手点。因此这次会议就成为秦皇岛市进一步开放以来前一阶段工作的终点和下一阶段工作的起点。遵照省委召开的汇报会议指示精神，从1985年2月到1987年12月开展了市情大调查，进行了总体发展谋划，着手实施《发展战略》，并从各个方面搞了基础工作。所以这段称之为总体谋划与打基础的第二阶段。1988年1月以后为第三阶段。其标志是1988年1月中共秦皇岛市委召开的六届八次全会。六届八次全会认为：鉴于秦皇岛市《发展战略》已经制定，明确了到2000年的发展方向，并经过三年来的基础建设，这就为加快改革开放和经济建设的发展奠定了基础。因此，全会作出《深入学习贯彻党的十三大精神，加快全市改革开放和经济发展的步伐》的决议，阐述了1988年以后的工作侧重点，有别于1988年以前。

（五）如何提高这本书的参考价值？本书虽是地方史论专辑，但要向全国发行，因此，要十分注重它的参考价值。编辑组同志从两个方面解决了这个问题。一方面由白芸生同志执笔，以白芸生和顾二熊同志署名写了一篇《亲切的关怀，精心的指导》的重要纪事文章，这篇文章系统地记述了几年来党和国家领导人在秦皇岛视察期间，所作的一系列重要指示，这对全国都具有普遍的重要指导意义，这就大大提高了本书的参阅价值；另一方面将秦皇岛市进一步开放7年来探索出的一些共性理论问题和带有规律性的问题，由赵文增同志执笔，写在了《有益的探索，成功的实践》的文章里，共写了七点。这些共性的理论问题是在研制秦皇岛市《发展战略》时，领导与群众、干部和科技人员的集体智慧的结晶。这些理论观点，经过5年多时间的实践，证明是完全正确的，并越来越显示出它的重要性。其中有的是带有规律性的。如作为沿海港口城市与港口的关系、基础建设与经济发展的关系、经济建设与城市建设和环境建设的关系、城市与乡村经济发展的关系等。如何处理好这些关系？文章依据《发展战略》中的观点作了详细的论述。

（六）如何在肯定成绩的同时，写好问题？这本书是一本纪事性的地方史论专辑，不但要写成绩，也要写问题；不但要写经验，也要写教训。问题是怎么写法？如每篇文章都写问题，大小问题都写，既显得零打碎敲，又不能把主要问题突出出来，必须抓住突出主要方面写问题。那么，什么是秦皇岛市当前的主要问题呢？经过分析认为，当前实质性的、深层次的、最主要的、含有战略意义的、直接影响今后长远发展的问题是："封闭型"的对外开放格局没有得到解决，由此而引出其他若干问题。今后如果能把这个主要矛盾解决了，其他的有关矛盾也就迎刃而解了。为此，由顾曰涛同志执笔详尽写了这一主要矛盾。编入了赵文增同志写的《有益的探索，成功的实践》文章的第四部分。

三

该书在编辑过程中，一些老一辈无产阶级革命家极为关心并给予了支持。中顾委常委胡乔木同志为该书题词"面向世界，面向未来"，全国政协副主席谷牧同志相继题词："实践再次证明，我们建立经济特区和进一步开放沿海城市的政策是正确的。"河北省委书记邢崇智同志写了《序言》。连续三任市委书记、两任市长挥笔疾书，并由省党史办主任高恒同志和新华社秘书长张国良同志担任该书顾问。在该书整个编写过程中，始终得到了新华社和新华出版社领导的重视和大力支持。《进一步开放的探索与实践》一书虽已出版发行，但我作为主编深感由于政治、文化水平不高，加上选稿、审稿和定稿集中于1991年上半年，时间匆忙，书中的一些不足，未能很好解决。

附　录

傅天仇与长寿山

傅天仇同志是开发建设秦皇岛市长寿山的主要发起者、组织者、设计者之一。虽已过早谢世，但他构思的长寿山蓝图正在继续开发实施。

一

我和傅天仇同志相识于 1984 年夏，那时我在邢台市工作，因建设元代大科学家郭守敬纪念馆，他应邀赴邢，从此结识了这位有识之士，并开始了事业上的合作。1985 年年初，我调到秦皇岛市工作后，因开发长寿山，有幸与傅天仇同志再度共事，结为晚年挚友。

开发长寿山的刍议始于 1985 年的初冬，这年 12 月 6 日，傅天仇同志和我同去邢台参加郭守敬铜像馆落成典礼，典礼完毕之后，他约我有事商量，于是我到了他的住处。他对我说，我国中医学历史悠久，是中华民族一大遗产。但是，历史上迄今没有一处环境艺术集中反映历史名医的。接着又说，他想找处风景秀丽之地建造历史十大名医塑像，再种植些中草药材，使之成为弘扬中华医学的圣医之山和风景旅游区。这样，既可尊贤祭祖，团结国内外炎黄子孙，又可启迪后人尊重科学，推进科学技术进步，还可发展旅游事业，收到经济效益。我听后，觉得他的设想很好，深表赞成。

他又略有愁色说："原想在某地建设圣医山，但主客观条件不尽理想。不知你们秦皇岛有无合适地方？"我稍思片刻后，逗趣地说"莫愁前路无知己，天下谁人不识君"。然后告诉他在秦皇岛市悬阳洞风景区建设圣医山较为理想，并把此地作了概括介绍，请他抽空到此地进行考察。他听后高兴地说，秦皇岛如有合适地方，又是开放城市，太好了。并说，他将在香港、澳门举办作品展，忙过这一阵子，抓紧去看看。就这样引来了傅天仇同志为建设圣医山，千里迢迢来秦皇岛选址。

二

翌年夏季，长城脚下绿茵如毯，海风和煦。傅天仇同志风尘仆仆地由北京来到秦皇岛，由张立辉同志陪同到悬阳洞旅游区进行了实地考察。考察后，他认为在此处建设圣医山颇为理想，从此，他和这块风景秀丽的宝地结下了不解之缘。

长寿山，原为悬阳洞风景区。位于秦皇岛市山海关的天下第一关西北约 10 公里处，东起黄牛山，向西延伸经角山、鹰窝山、肖山、石门直到碧波粼粼的燕塞湖东畔，东西长 6.5 公里，区域面积 175 公顷。此处怪石嶙峋，纵竖卧斜；森林茂密，古树参天，百鸟齐鸣，峡谷长溪，水流潺潺，令游人向往。情态各异的自然景观有："樵夫观天""双松挺峙""仙人洞穴"；还有文人墨客留下的人文景观："层峦叠嶂""范墨流香""百二山河""子午洞天"等极为珍贵的悬崖碑刻，令人赏心悦目。

傅天仇同志经过实地考察，看准了这块山、水、景、林皆备之宝地，作为圣医山的选址。返京前，他恳切地说，如秦皇岛市同意这一选址，回京后就联络有关专家交换意见，研究如何建法。当时，他生怕秦皇岛市委、市政府对此事不积极，因而返京后，他随即又给我寄来了《建设圣医山设想》，其意在于引起市里有关方面重视此事。

在《设想》中，他首先阐述了建设圣医山之宗旨：利用中国石窟艺术和发掘祖国医学宝库的手段，开发自然风景资源，把秦皇岛建设成为具有特色的旅游胜地。

其次，从环境艺术角度讲了对"美"的理解："美"的理解应当是广义的，美可以增加智慧，增加观者爱我中华之心，又能产生经济效益。利用艺术手段开发祖国自然风景资源，激发旅游者对美的向往，同时，挖出人们心中潜在的信息并利用它，使艺术形式和人们的思想产生共鸣，就能充分吸引游客。美国的黑山公园，就是利用荒山雕凿了华盛顿、杰克逊、林肯、罗斯福的巨型头像，使昔日荒山成了进行爱国主义教育的旅游胜地。每年前往瞻仰的游客达两百万人之多，经济效益也可观。

然后，他提出开发建设长寿山的粗略构思：探本求源，追溯历史。有关秦始皇求仙药的传说，秦皇岛有遗迹，说明两千多年前秦皇岛就与中国医学结下了不解之缘。这里山水壮丽，景色迷人，如果把秦皇岛建成一个以宣传中国传统医学为主要内容的旅游中心，在山海关悬阳洞建圣医山，和秦皇岛的温泉区设置疗养院构成一体，大有可为。圣医山建立扁鹊、华佗、张仲景、孙思邈、李时珍、宋慈、王叔和、王清任、药师如来等古代十大历史名医为主体的摩崖石刻，用文字记录他们的贡献，公布他们药方中的精华部分，并请当代名医审评和注释，再请书法名家书写审评和注释，使之成为国宝。山上种植红果、蟠桃、人参、灵芝等中草药；喂养药用动物，设鹿苑、仙鹤苑等，使之成为仙境感觉之景观。商店可销售全国各地的著名中草药、成药、药用食品及用矿泉水制成的药用饮料。附设中医门诊，可为游客切脉、开方、推拿……这样，就可以弘扬祖国医学科学，增强青年爱祖国、爱科学之心，也可以成为治病救人并与每个人都发生联系的、独一无二的旅游胜地。

三

傅天仇同志来秦前我曾把他在秦皇岛市建设圣医山的想法和市委常委同志们通过气。这次接到他《建设圣医山设想》后，在中共秦皇岛市委常委会议上，我随即向常委们作了汇报，详细说了他对建设圣医山的设想。与会常委同志一致认为这是件大好事，傅天仇同志很有远见，同意将圣医山选址定在悬阳洞景区。

按照秦皇岛市委常委会议定的意见，1986 年 11 月中旬，白芸生和市委副书记、市长顾二熊，常务副市长石春贵以及市政府副秘书长张立辉同志着手研究建设长寿山的有关准备工作时，张立辉同志认为医为治病，人思长寿，叫“长寿山”为好。1987 年元月初，秦皇岛市委常委会议再次研究了这件事，同意定名为“长寿山”。并议定成立长寿山开发建设委员会（以下简称长寿山建委会），领导开发建设长寿山的工作。

同年6月2日，傅天仇同志提出建设长寿山的七点书面建议：

一要建设成体现精神文明之山。建设长寿山神医石窟，不是修古庙，而是要突出利国利民的献身精神，弘扬祖先为人民、为科学事业、为民族献身的精神，使长寿山成为第一个反映献身精神的医学科学的中国神医石窟。

二要建设成体现“四化”精神之山。古代中国医学能够治疗现代人的疾病，它是东方的神秘科学，已成为现代世界科学研究的组成部分，要把建设长寿山和建设“四化”协调一致。

三要建设成知识宝库之山。把医学科学、中医药物科学、雕塑艺术、书法艺术、园林艺术、建筑艺术融为一体，使之成为当代科学艺术宝库。

四要建设成为代代受益的无烟工业。矿产资源的开采有其限度，而长寿山一朝建成，则祖祖辈辈代代受益。要着眼于未来，为后人留下财富。

五要建设成为旅游、疗养、保健、出售药品相结合之山，为人之长寿服务。

六要建成环境优美之山。可种植药材、药花、药草，既创造财富，又美化环境，艺术与环境协调，保护山、水、景自然景观，使环境锦上添花。

七要节约建山，以山养山。建设时期要做到节省资金，几年后能够增加收入，以山养山。

同年8月，市长寿山建委会、市长城开发领导小组、天津大学建筑系合作研制出《长寿山风景旅游区建设总体规划》，全景区分为5个景点：“神医石窟”“五禽戏馆 ”“世外桃源”“石门胜景”和“燕湖码头”。“神医石窟”建造华佗、张仲景、孙思邈、李时珍等十位历史神医雕像；“五禽戏馆”是开展群众体育健身活动的地方；“世外桃源”是中药药材和花果植物园；“石门胜景”是保存明代石碣、古营盘遗址和独具特色的自然景观；“燕湖码头”则是临湖兴建益寿山庄，以长寿山为题的人工建筑，包括长寿宫、留言馆和多种动植物药苑地。总体规划体现了傅天仇同志的构想，把石窟雕塑艺术、建筑艺术、园林艺术、书法艺术有机地融为一体。

同年9月8日到9日，召开了长寿山总体方案专家论证会，傅天仇同志联络了北京的沈其震、吴良等21位专家、教授和技术人员，出席了会议，我和崔致中等也与会参加论证。经过为时两天的实地考察和科学研讨，专家们充分肯定了建设长寿山的总体规划设计方案。一致认为长寿山选址的自然和人文景观非常吸引人，开发长寿山是为子孙后代和人类造福，是一项伟大的事业。要融我国古代和现代医学成就、雕塑、绘画、书法、园林、建筑艺术为一炉，使之建成为文化精华艺术宝库。不仅是物质文明的场所，也是精神文明的窗口，应具有向世界传播文化艺术的能量。并表示愿为开发长寿山出力。

总体方案论证会还议定：开发长寿山要长计划，短安排。2000 年全部实现总体方案，1990 年首先完成华佗、张仲景、李时珍和一位藏医四个石窟；悬阳洞内的雕塑应重新安排，与神医石窟形成一个体系；景区内绿化要提前搞，可以搞到 300 个药材树种。

傅天仇同志还建议市政府建立长寿山自然保护区，避免自然景观和植物遭到破坏。市政府接受了他的建议，于 1988 年 10 月 14 日，正式建立了长寿山自然保护区，收归市直接领导。

四

1987 年 3 月下旬，傅天仇同志派李德利副教授赴秦洽谈建设长寿山的具体有关事宜，我托李给傅带去长寿山建设委员会名单，并捎去口信说，他在京可以开始做有关筹划工作。傅对此深表满意，于是在京积极开始了一系列筹备工作。

首先，他向全国美术协会主席吴作人同志汇报了建设长寿山的设想，得到了吴老的支持，并请吴老题写了“神医石窟”。

其次，他将秦皇岛市委、市政府关于建设长寿山的通知，复印呈交当时的文化部部长王蒙阅知。

第三，他积极邀请刘开渠、曾竹韶、曹春生、张德华、李德利，以及他本人分别担任张仲景、李时珍、华佗石窟塑像的雕塑制作任务。

第四，受长寿山建设委员会委托，邀请马海德同志和沈其震同志为长寿山建设委员会顾问。

论证会议结束后，傅天仇同志在京积极落实神医石窟的准备工作。

1988年3月8日，他给我来信说，今年主要是落实第一期工程用款，包括6米高的塑像连同取石费用。塑像过程一般是：一、做定稿；二、放大定稿变为原大（6米）泥塑及石膏像；三、凿石窟或摩崖大体造窟；四、雕刻成型；五、书写雕刻神医药方。每个石窟估算造价30万元，如款不够，可先造三尊。当然尽量找技术高、要价少的技工。目前还要抓紧种植药材，清明节即将到来，不要误期。

这一年的8月4日至6日，傅天仇同志又联络曾竹韶、李德利以及中国国际信息中心总编殷新程、新华社记者姚平芳等一起赴秦商量石窟塑像诸问题。他提出要抓紧在北京找个地方制作名医雕塑大样，以便节约开支，后来张立辉同志在北京朝阳区找了个制作场所，这次他又到长寿山现场确立了神医石窟的具体位置。同年9月8日，他会同沈其震、裕载勋、殷新程、李德利等再次赴秦，就长寿山的建设和秦皇岛市负责同志一起协调京秦两方面的工作。商定邀请刘开渠、吴良、裕载勋、段文杰、平山郁夫（日本）为长寿山建设委员会顾问，并及时发出了邀请。市里把当前所需资金尽快筹集起来。

1989年4月，我因年龄过限，不再担任秦皇岛市委书记，傅天仇同志生怕因为人事更迭，长寿山的建设半途而废。这年秋，我和他在秦会面叙谈时，为此事特意向他作了解释。

这一年的12月初，他来信谈到向国际有关方面宣传长寿山情况的一些反响，并说马海德同志去世后，其夫人苏菲对长寿山的建设非常关心，建议邀请她接任马海德同志为长寿山建设委员会顾问。对此，长寿山建设委员会及时发出了邀请，苏菲同志愉快地接受了这一聘任。

五

与傅天仇同志相识共事，是我一生中之快事，终身引以为幸。

他作为雕塑艺术家，作品遍及全国各地，乃至国外。他创作的《望夫石》《丰收的愤怒》《暴风雨》等均为难得之作。

1946年冬，20多岁的傅天仇便初露才华，他由重庆乘木船，经三峡至上海，经过几个月的紧张劳动，于次年3月，在上海、南京等地展出了素描和彩色漫画组画《上海风情》，主题鲜明，讽刺国民党反动派的黑暗统治和腐朽的社会风气，引起了社会的强烈反响。

1952年，他参加了北京天安门广场人民英雄纪念碑浮雕的设计和制作，塑造了汉白玉大浮雕《武昌起义》。这幅作品后来印制成邮票发行，并以多种版本和外文说明向全世界传播，影响深远。

1980年，他为美国堪萨斯州一个纪念馆制作了中国人民的老朋友斯诺的浮雕，颇受美国造型艺术家的好评。

他的名作不断问世，1981年，他完成了《徐悲鸿塑像》，以纪念他的恩师。1982年，他为北京大学塑造了《李大钊铜像》。此后，他完成了一系列名人塑像，其中最著名的有青年时代的《周恩来铜像》（天津）、南开中学《周恩来塑像》、南开大学我国教育家《姜立夫像》、北京著名戏剧家《欧阳予倩像》、邢台元代大科学家《郭守敬铜像》、广东梅县《黄琪翔将军像》，这些作品充分体现了他的高超造型艺术。

傅天仇同志晚年从事空间和环境艺术的研究，并付诸实践，卓有成效。1986年3月，他和古元同志在澳门和香港举行作品联展时，在学术讲演中，他提出三个地区建设环境艺术的构思，即：大连金石滩、梧州鸳鸯江爱情区和秦皇岛圣医山（现长寿山），按照环境艺术的构思，使他成为长寿山的积极发起者。

傅天仇同志作为开发长寿山的发起者、造型艺术设计师，数个春夏秋冬，不辞辛苦，往返京秦；邀请专家、学者和技术人员，组织造型艺术创作；努力和国内外新闻单位挂钩，宣传报道长寿山，提高其知名度。他为建设长寿山做了大量艰苦细致的工作，呕心沥血，奋斗不息。

“出师未捷身先卒”，正当长寿山华佗、张仲景、李时珍石窟塑像基本竣工，变成现实，游人蜂拥而至时，惊悉噩耗，傅天仇同志因病抢救无效，不幸于1990年8月12日在京辞别人间。他的长辞，是我国美术界的重大损失，也是长寿山建设中的重大损失。他在建设长寿山中的业绩，秦皇岛人民将永远铭记，他留下的艺术遗产将和长寿山永存。他构思的长寿山蓝图正在继续开发实施，已初具规模，必将化为整个宏图。

我和高树勋同志最后相处的日子里

高树勋同志是在解放战争中最早反对内战，主张和平；在国民党军队大举进攻解放区的紧急关头，战场起义的原国民党高级将领。

我和他认识较早，1953 年我在邯郸运输公司任副经理时，曾两次向他汇报过工作。但在他身边工作是从 1957 年 3 月开始的。当时我被调至河北省人委办公厅做秘书工作，为主管交通邮电的副省长高树勋同志处理日常业务工作，直到 1958 年年底。1959 年 1 月，建立河北省交通运输委员会（以下简称交委），高树勋同志兼任副主任、党组成员。我也调省交委秘书组任副组长，仍和高树勋工作在一起，直到 1961 年 6 月省交委撤销，我调到省委工业交通部工作后，才和高树勋同志分手。先后相处 4 年之久，到了“文革”初期一次偶然的机会和高树勋同志相遇，又在一起生活了近 40 天。

1964 年 11 月，我参加河北省“四清总团”赴石家庄搞“四清”，1966 年 3 月，石家庄市“四清”结束，大批干部转入唐山市开展“四清”，总团抽调 20 余名同志组成学大庆工作队，留在石家庄搞学大庆试点（七个大厂为试点），为了下一步在全省工业企业开展学大庆活动摸索经验，由省工会张蔚兮同志和我分任正副队长。“文革”开始之后，同年 7 月 4 日改为河北省委派驻石家庄市文化革命工作队。8 月 20 日，张蔚兮同志和我及全体工作队员被石家庄造反派工联司批斗，直到当年 12 月。此后，张蔚兮等 20 余名同志被押送回各自单位。我因属于兼职蹲点，被造反派头头郝国良等人扣留。后因我腿病复发，于 1967 年 1 月在省工会一些老友的帮助下，秘密赴平山工人疗养院治疗。到达疗养院的第二天，在饭厅门口喜出望外地见到了高树勋同志及其夫人刘秀珍同志，我们三人不约而同地都以能在危难之际相遇而感欣慰。相互问明来意之后，高树勋同志以沉重而又喜悦的心情说：“没有想到我们能在这个时候见面。”我说：“我也没有想到在这里能见到你们。”刘秀珍同志用手擦了擦眼眶的泪花说：

“真没有想到。”

高树勋同志偕夫人从天津来到平山工人疗养院，名为治病，实为避风头，当时正处在红卫兵到处揪斗领导同志的初期，他担心红卫兵找他的麻烦。

当时，疗养院所在的这个偏僻的山村还比较安静，院领导还在支撑工作。当天，高树勋同志找到医院负责同志说，白芸生同志是我们的老秘书，可以让他和我同住一屋，好照顾我。院领导表示同意，于是我和高俩人单独住了间病房，刘秀珍同志返回天津照料家。当时，高树勋同志患有前列腺炎，小便次数较多，加之心情不舒畅，夜间睡觉很少，上床后总想和我多说说话，常常是他说，我听，直到我入睡为止。有时我醒来，他还拿着收音机听广播。在这里相处近40天的日子里，他讲述了自己所经历的许多往事，其中也谈到他1945年起义时的一些情况。有一天他对我说，他想给周总理写封信，说明他身体有病在此休养，不能参加“文革”运动。我说，信可以写，但不能这样说。可向总理说明你因病在此治疗，病好后就到群众中去和群众在一起，他连声说这样好！这样写好！并说，你就动笔吧。于是我找来纸和笔，用毛笔工工整整地把信写好，经他过目签名后将信发了出去。当时他很担心总理见不到信，几次问我总理能不能见到信。信发出后大约过了十余天，刘秀珍同志从天津赶来说，中央已通知河北省和天津市“支左”部队保护他，不准红卫兵冲击。对此，他激动地流下了热泪，十分感激周总理对他的关怀，连声说谢谢总理！谢谢总理！并对夫人说，如果是这样就回天津家里住，刘秀珍也认为还是回家住好，我也劝他们回天津去。高树勋同志问我，你怎么办？我说，我也不知怎么办，看看情况再说。

又过了几天，我突然看到石家庄造反派工联司散发的一份传单，上面有对我的通缉令，要我数日内到工联司交代问题。我把此事告诉了高树勋同志，并说，我在此不能久留，让我去北京看能否找到省委领导，明天就先行离开这里。第二天早饭后，当我收拾行装乘公共汽车将要动身时，高树勋同志依依不舍地说，我们什么时候才能见面？并从内衣兜里取出几张10元的大票要我带在身上花，我推辞不过只要了一张。临走时他和夫人一直把我送到汽车站，汽车开动后，他们还在向我招手送行。此后，我在省直学习班一待就是5年之久。1970年春，我曾被驻学习班的军、工宣队解脱了3个多月，在解脱期间学习班派我去天津办事，到津后，下了火车我就跑去看望高树勋同志，这时他的两条腿已经不能自主了，见我到来他和夫人刘秀珍同志非常高兴，就随便闲谈起来，在闲谈中他小声说有事想和我单独谈谈，然而在座的省革委×××却缠着不走，待了约40分钟我只好暂时离开。当我告辞时，高树勋同志手握拐杖站起来问我走之前还来吗，我说，要来。当我走出高的家门时，×××又跟了出来，并对我说，你不要再来了，你不能随便找高。这时我才明白，原来×××是奉命来监视我和高树勋同志接触的，这样只好打消了再去看望高的念头，但心里不是个滋味，心想将来有机会给高把此事说清楚就是了，于是我带着沉重的心情离开天津。不幸的是，我回到学习班，又被看管起来，高树勋同志也于1971年过早地逝世，未能再见到他。他逝世时，我仍在学习班，连个发唁电的权利都没有，埋在心里的话，没有来得及和他说明，成为终身的遗憾。

关于《秦皇岛市2000年经济技术社会发展战略》的说明

这个稿子，是我市经济技术社会发展战略初定稿（也是第三稿），是一年多来反复调查研究、谋划的初步成果，是各级领导同志和各方面人士以及广大群众集体智慧的结晶。特别是中央领导同志，对秦皇岛的发展十分关心，肯定了我市提出的搞好规划、打好基础的路子。谷牧同志对第二稿的文字提出了具体的修改意见，要求第三稿出来后送他，将亲自为我们谋划。因此说，这个初定稿也是在中央领导同志的关怀下产生的。

秦皇岛作为沿海对外开放城市，正处在起步阶段，面临着城市综合服务功能的强化和经济、技术、社会发展的战略转变。对此，全省全国人民极为关注。为了争取战略发展的主动权，必须全面地、动态地认识市情、分析市情，找出一条适合秦皇岛的经济、技术和社会发展的路子。为此，市委于1985年4月决定着手进行战略研究工作，组建了领导小组，成立了专门工作班子，选定了与清华大学合作。一年多来，采取领导与群众相结合，专家、学者与实际工作者相结合，专门班子与各级各部门相结合，市内与市外相结合的方法，进行了大量的调研工作。先后搜集了700多万字的资料；查阅和整理了我市解放后30多年来的经济社会发展史料；召开了几十次座谈会、讨论会；各部门写出了28篇专题报告，市政协提供了20多篇专论；派员赴省内外10个城市学习考察。同时，建立了5个数学模型，搜集了2万多个数据，进行测算和预测。先后编写了《今日秦皇岛》《秦皇岛市现有发展规划摘编》《秦皇岛市发展战略数量经济模型报告》以及《秦皇岛市主要经济指标预测》等小册子。这些都为制定战略奠定了基础。去年11月，搞出了发展战略综合整理稿。经过讨论修改，于今年初搞出了《发展战略》第一稿。第一稿印发后，市委、市人大常委会、市政府、市政协和各县区、市直机关各部门都进行了认真的讨论。同时，派人走访了国务院经济研究中心、清华大学经管学院、省委研究室、省政府经济研究中心等科研单位和领导部门，广泛征求有关领导和专家的意见。

根据各方面的意见，对第一稿作了较大修改，产生了第二稿。后又在第二稿的基础上，对战略重点、战略对策部分作了重大修改，其他部分加以补充完善，形成了现在的初定稿（第三稿），作为今后滚动研究的蓝本。下面，仅就战略中的几个主要问题作扼要的说明。

一、关于制定战略的依据和指导思想

一年来的战略研讨谋划工作，紧紧把握了四条原则：一是坚持实事求是，从现有市情市力出发；二是坚持把党的方针、政策同秦皇岛市的实际紧密结合起来，具体体现全国党代会、“七五”建议和国家“七五”计划中关于东部沿海地区以及进一步对外开放的沿海港口城市的要求；三是坚持区域战略同全省、全国的发展战略紧密衔接，服从大局，服务全省，面向全国，把对外实行开放、对内搞活经济、利国兴市富民作为出发点和立足点；四是坚持经济、技术、社会三位一体考虑。总之，就是在中央方针的指导下，力求搞出有秦皇岛特色的战略。基于这样的思想，战略初定稿自始至终贯穿了一个模式、三条主线，即：沿海型的对外开放模式，对外开放、城乡一体、两个文明建设同步发展三条主线。对未来发展的阐述，主要是根据全国全省战略的客观预测、数模预测和全市各级对经济技术社会发展远景的分析和估计。

弄清市情市力是谋划战略的基础。人们对秦皇岛市情的认识经历了由肤浅到比较深入、由狭隘到比较广阔、由静止到动态的发展过程。初定稿中对秦皇岛市情的分析认识，没有囿于地理区划、行政区划的限制，而是把它作为对外开放的沿海港口城市，在一定经济区域、在一个较大的范围担负重任的秦皇岛市来进行论述的。试图从全省、全国甚至世界的某些角度，从更广阔的空间来设计它的动态形象。具体讲，主要从三个方面作了分析，一是秦皇岛市的基本特征和战略地位，主要是从大局出发来考虑问题；二是战略优势和有利条件，突出了港口、旅游、位置优越三大战略优势和玻璃工业这个相对优势；三是主要制约因素和潜在性隐患。对这些方面的分析认识是同省内兄弟城市、沿海开放城市相比较而言的，一些有利条件和制约因素也会发展变化的。从发展的观点看秦皇岛，随着其经济实力的增强，它将发挥越来越大的作用。

在构成秦皇岛市情市力诸因素中，显著特点是港口，它在秦皇岛的经济现实和未来发展中都占据十分重要的位置。回顾历史，城市的形成和发展与港口的形成和发展是相辅相成、互相促进、互相依赖的。今后，港口也是秦皇岛市经济发展、对外开放的重要基础和先决条件。因此，初定稿中对港口的功能作用及其对经济社会的影响，作了较为充分的阐述和估计，并且展示了市港一体、协调发展的广阔前景。

对秦皇岛市的性质、功能的分析，曾反复探讨多次。初定稿中肯定了未来秦皇岛是以港口、旅游为主的多功能的城市。鉴于秦皇岛功能、地位的变化，必须重新认识秦皇岛，秦皇岛的开放将越来越为国内外所瞩目。

二、关于战略思想

初定稿从秦皇岛市未来发展的总趋势和肩负的历史重任出发，以“面向现代化，面向世界，面向未来”为根本指导思想，对总体战略思想作了概括，具体阐述了改革开拓、以港兴市、以市促港的战略方针，开放式、外向型的战略导向。扬自己之长，避自己之短；以人之长，补己之短；以整体之长，克局部之短；经济、技术、社会三位一体，协调发展，使之良性循环的战略对策。实行全方位开放所必须实行的四个战略转变。在战略转变过程中必须处理好的几方面关系。初定稿中，把精神文明建设作为总体战略思想的重要组成部分进行了阐述，强调在物质文明建设的同时，须臾不可放松社会主义精神文明建设，以精神文明建设来保证物质文明建设的正确方向，这是秦皇岛市对外开放与经济振兴成败的关键。

三、关于战略目标

秦皇岛市到2000年的战略目标，是通过一系列综合指标、经济发展指标、科技指标、创汇指标和社会指标等来反映的。本着普遍性与特殊性相结合、必要性和可能性相结合的原则，参考了国家及部分省市发展战略中的指标体系，形成了既有我市特点，又能和全国、全省及其他地区相比较的指标体系。并利用计量经济模型、投入产出关系式上机计算，把传统计划方法与科学系统分析方法结合起来，分别对各个具体指标进行了预测，提出了低、中、高三个不同的发展方案。初定稿中列出的指标，属中方案，即协调发展方案。其他两个方案，在附件一里作了具体表述。纵观三个方案，中方案可能更切合秦皇岛市的情况，这是因为这个方案的经济增长速度比较合适，一、二、三产业的结构比较合理，消费、积累比例比较协调。按照这个方案，到本世纪末工农业总产值翻两番半，达到72亿元；平均年增长速度达到9.1%，社会总产值达到100亿元，国民生产总值达到47亿元，人均国民收入达到1400元，增长速度都略高于中央对全国提出的平均数，人均消费水平也将比全省、全国的平均水平略高一些。从我市的发展历史来看，实现这个发展速度也是有可能的。1980年前的30年中，在经济建设经历严重曲折的情况下，工农业平均增长速度仍达到8.2%，近三年来达到13.6%。此外，初定稿中增加了社会指标的含量，目的是加重精神文明建设的分量。

四、关于对外开放

进一步对外开放，标志着秦皇岛市的建设和发展进入一个新阶段，必将引起经济社会生活的深刻变化。而对外开放的根本问题是发展国际商品经济。这就要求秦皇岛市在未来经济循环的导向上，由封闭性内向型逐步转向开放性外向型，把内向发展与外向发展两大循环系统有机地结合起来，有效地担负起对内对外两个扇面的辐射功能。因此，初定稿中把面向国际市场、走贸工农的路子、增强出口创汇能力作为战略重点。为了保证这个战略重点，强调了促进港口由单一功能向综合功能转变、大力发展旅游经济、超前发展玻璃工业和建材工业、发展农村商品经济等五个方面，逐个方面地作了具体阐述。从秦皇岛市现实基础出发，提出了扬长避短、以优取胜，取长补短、发展横向联合，开辟资金融通渠道等原则性的对策。鉴于目前秦皇岛市工农业结构基本上属于内向型，经济实力较弱，由内向型转向外向型将需要较长的过程，在阐述外向循环系统的同时，对内向循环系统也作了相应论述。

五、关于城乡一体

初定稿中，城乡一体的思想贯穿于市情分析、战略思想、战略目标、战略重点、战略对策的各个部分。在市情分析中，充分肯定了农村优势和有利条件，揭示了影响农村经济发展的制约因素；在经济布局上，强调城乡一体，以城带乡，逐步实现以城市为中心、卫星城镇为纽带、广大农村为基础的城乡经济一体化；在指标体系中，对农村经济、科技、农民生活等指标，都提出了发展设想；在产业结构、产品结构的调整中，强调按照贸工农方针调整农村产业结构，提高各业产品的商品率、出口率；在战略对策中，集中阐述了城乡建设布局、小城镇建设、发展农业科学技术等。通过上述论述，力图勾画出未来新型城乡关系、新型城乡经济结构的基本图像。

六、关于精神文明建设

精神文明建设的范畴比较广。在战略思想、战略目标、战略对策中，对精神文明建设问题都作了一些阐述，对科技、教育、文化等方面还提出了发展设想。对精神文明建设中的政治思想工作、民主与法制建设等具体工作，没有一一点到，而是强调要开拓人们的精神领域，改变传统观念中某些陈腐的东西，克服在对外开放和新旧转换中出现的某些消极现象，锤炼与改革开放、物质文明建设相适应的品格，培养有理想、有道德、有文化、有纪律的一代新人，在全社会建立和发展体现社会主义精神文明的新型社会关系，以有力地推动物质文明建设。

七、关于改革

改革是经济社会发展的动力，也是实现对外开放经济模式和新经济体制的手段。从现实情况看，经济管理体制不顺，是秦皇岛市开放搞活的重要障碍。要实现战略目标，必须按照中央的方针、政策，改革经济体制，理顺经济关系。初定稿中，改革精神体现得比较充分。在战略思想中，将改革开拓作为战略方针的重要组成部分；在制约因素的分析中，主要列举了工业管理、港口管理、旅游管理、对外贸易等方面的问题，提出了改革体制的课题；在战略对策中，着重讲了城市改革的主题和当前改革的重点，以及改革港口管理体制、旅游管理体制、外贸管理体制，建立科学的、高效率的决策—执行—监督系统，强化宏观控制，增强企业活力等方面的原则，强调改革与建设互相适应、互相促进。

八、关于附件

为了详尽阐述战略中的有关重大问题，编写了八个附件，作为战略的有机构成，作为谋划战略的部分依据。由于时间限制和人员力量限制，战略研究中有些领域还未涉足，有些问题还未来得及编写附件，留待以后滚动研究中解决。

秦皇岛市宏观经济调研领导小组

1986 年 9 月 10 日

《秦皇岛市2000年经济技术社会发展战略》

一、市情分析

秦皇岛市为河北省省辖市，是全国进一步对外开放的港口城市之一。东邻辽宁，西近京津唐，北依燕山，南临渤海，万里长城横亘全境，总面积7752平方公里，总人口228万，其中市区44万。

秦皇岛的基本特征是：踞华北、东北两大经济区的咽喉要道；京沈、京秦、大秦（在建）三条铁路干线与秦皇岛港的交汇点；避暑胜地北戴河闻名遐迩，历史名城山海关载誉中外。

这些基本特征决定了三个战略优势：

（一）港口海运发达。秦皇岛港为北方不冻良港，与港口配套的铁路、公路连接成网。港口现有21个泊位，1条输油管道，17条国内外航线，同70多个国家和地区有贸易往来。港口设施比较先进，煤炭、杂货装卸机械化程度较高。1985年吞吐量达4419万吨，居全国第二位，是全国最大的能源中转港。能源转运密切了内地与沿海、北方与南方的经济联系，对华东、华南的经济发展具有重要作用。港口两翼的124公里海岸线，可容纳较大规模的临港产业。

（二）旅游独具特色。秦皇岛市不仅气候宜人，景观秀丽，而且有长城、关城、“天下第一关”等人文景观，未开发的旅游资源丰富，对国内外游客有较强的吸引力，近年来，游客骤增，高峰日达十多万人，发展旅游经济前景广阔。

（三）地理位置优越。秦皇岛市属京津唐经济区，且与东北经济区联系密切，又处在环渤海经济区的中心地段，可借助周围的经济、技术力量发展自己，获得水涨船高之利。秦皇岛市是河北唯一的海港城市，是华北、北京的重要门户，港口腹地辽阔，长期以来与天津港有较为密切的协作关系，有利于发展横向经济联合。随着旅游事业的发展，可吸引和汇集人才，搜集信息，发展同国内外的经济技术协作。特别是北戴河海滨为中央暑期办公地，可得到中央和省的直接关怀、支持和指导，这是秦皇岛市发展的得天独厚的优越条件。

新中国成立后的30多年，秦皇岛市经济有了一定发展，初步形成了自己的产业特色：

（一）第三产业的比重较大。1985年，以港口运输、旅游和商业服务业为主体的第三产业国民生产总值占全部国民生产总值的34%，超出全国平均水平。

（二）以玻璃为主要特色的工业已有一定规模。玻璃生产历史悠久，发展较快，有“玻璃城”之誉。拥有全国一流的玻璃设计院和玻璃研究院，已有25个玻璃生产企业，技术力量雄厚，工人素质较好。平板玻璃年生产能力600多万标箱，产量、质量、出口量均居全国首位，玻璃球、玻璃纤维、玻璃钢制品、钢化玻璃等产品近年有较大发展，耀华玻璃在国际市场，特别是在东南亚享有盛誉。此外，还有一些在全国居领先地位的工业企业和产品，钢梁钢结构、集装箱、电动环链葫芦、制糖机、真空贴标机、葡萄酒、罐头、啤酒等产品在国内具有一定竞争能力，并有不同数量的出口。正在兴建或已部分投产的磷铵厂、铝材厂等大型重点企业，将进一步增强秦皇岛的工业实力。

（三）农村产业结构出现新格局。传统农业耕作水平逐步提高，乡镇企业不断发展，林牧副渔产值在农业总产值中的比重逐年提高。林果、养殖、采掘业正在形成支柱产业。果品产量在沿海开放城市中居第五位，鲜果产量占全省的30%左右。浅海和滩涂开发已经起步，将成为全省贝、参生产基地。黄金、砂石等储量比较丰富，青龙是全国少数万两黄金县之一。苦杏仁等山野产品产量居全省首位。

上述优势和有利条件，构成了秦皇岛市经济社会发展的基础。但是，这些有利条件是相对的，优势和劣势又常常是并存的。如港口功能还比较单一，旅游季节性很强，玻璃工业还没有形成深度加工的系列产品，各种产业的潜在优势和资源优势还没有充分发掘出来。按照进一步对外开放的要求，秦皇岛市在未来发展中还有许多薄弱环节、制约因素和“惯性”膨胀的潜在隐患，主要是：

（一）城市基础设施差，综合服务功能不强。多年来，由于重视固定资产投资，忽视城市基础建设，历史遗留欠账很多，致使城市处于诸多不便和低运转的状态中。近年来城市基础建设虽然发展较快，但是仍然不适应港口发展的需要。公用设施标准低，不配套；商业网点少，布局不合理；居民住房紧张，供气供热事业正在起步；金融、信息、咨询等新兴服务事业不发达；旅游设施不完善，尚未形成具有较强吸引力的投资环境。实行市管县领导体制后，经济技术辐射能力弱，城镇建设进展缓慢，城乡间的相互作用没有充分发挥出来，农村经济还处在半自然经济、半自给经济，还需要有个生长、发育、发展的过程，逐步向商品经济转化。

（二）水资源缺乏。这是未来经济发展的主要制约因素，市区地下水有限，已经过量开采。地表水源虽较丰富，但远距离取水，耗资较大。从目前看，城市对水的需求量已超过供给能力。从发展看，供需矛盾将更加突出。据预测，到 1990 年缺水 1 亿吨，到 2000 年缺水 2 亿吨，这种发展趋势必须予以关注，从长计议，及早动手，变被动为主动。

（三）人才匮乏，技术落后。全市学龄以上人口中，具有高中以上文化程度的仅占 10%，大专以上文化程度的占 0.6%，相当全国平均水平，大大低于先进沿海城市。教育结构不合理，普通教育师资少、素质差，毕业生合格率低。全市还没有形成一支人才齐全、技术业务配套、适应市场竞争的科技队伍和经营队伍，平均每百人中仅有科技人员 1.3 人，在 14 个沿海开放城市中占位是最低的。市属科研机构工业技术装备大多属于 30 至 50 年代水平，陈旧老化的问题十分突出。农业还基本采用传统生产方式。

（四）产业结构、产品结构与开放城市的要求不相适应。秦皇岛市工农业结构基本上属于内向型。有先进的港口却没有与之相称的临港产业。工业以劳动密集型为主，在布局上还没有冲破“小而全”的模式。农村商品生产近年虽然有了较大发展，但还没有冲破自给经济的模式。工农业技术水平低，产品耗能高，效益差，出口产品比重很小。1985 年出口产品总值仅占工农业总产值的 3%，出口多属初级产品，包装装潢落后，创汇率低。

（五）经济管理体制不顺，妨碍开放、搞活。在工业管理方面，多头领导、条块分割的问题没有从根本上得到解决，不利于搞活企业和横向联合；在港口管理体制方面，虽然注重了协调工作，但港市之间，港、路、贸之间，彼此脱节的问题还较突出，不能充分发挥港口优势；在旅游方面，条块分头管理，不利于统一组织旅游资源的开发和旅游设施的建设；在对外经济贸易方面，还没有外贸经营权，工贸脱节，技贸脱节，农贸脱节，出口商品基地建设和出口加工业还十分薄弱，影响对外经济贸易的发展。

（六）存在着“惯性”膨胀的潜在隐患。人口规模的“惯性”增长和生态环境的恶化，将是秦皇岛市两大潜在性的隐患。随着对外开放和各项事业的兴起，必然带来人口增长，如果不采取坚决措施加以抑制，人们的生活需求超过自然资源、生活服务设施、基础设施和环境的实际负担能力，将给经济和社会发展造成极大的压力。新上项目若对生态环境处理不好，无节制地向大自然索取而不注重补偿；无节制地向大自然排放而不注重治理，生态环境就要遭受严重的破坏，后果不堪设想。对此，必须引起重视，采取措施，防患于未然。

二、战略思想

在新的历史时期，秦皇岛市面临的战略任务是，依据党的十二大提出的战略目标和邓小平同志关于我国21世纪前50年的构想，确定自己肩负的历史任务和战略思想，把秦皇岛市的建设和发展推入一个新阶段。秦皇岛市必须走在四化建设的前列，在全省乃至更大的经济区域中发挥外引内联的纽带作用，对内对外的辐射作用，知识、技术、管理、对外政策的窗口作用。从这个新的起点出发，秦皇岛市的经济技术社会发展战略，应该站得更高些，看得更远些。以“面向现代化，面向世界，面向未来”作为根本指导思想，充分考虑当前对外开放步伐加快、新旧经济体制转换的新形势，以及世界新技术革命的挑战和机遇，科学估量自己的现实基础和经济实力，走循序渐进兼有超前跳跃式的开放振兴之路，努力把秦皇岛建设成为充分体现港口、旅游为主，轻型产业结构，环境优美、功能健全、道德风尚好、全方位开放的新型城市。

在这个思想指导下，秦皇岛市应采取改革开拓、以港兴市、以市促港的方针。改革开拓是实现对外开放经济模式和经济体制的手段，目的在于发展社会生产力，拓宽振兴经济的路子。港口是秦皇岛市最突出的城市特点、经济发展的主要依托，也是对外开放的重要基础和先决条件。城市的发展必将为港口的发展创造更有利的条件。港口与城市是相辅相成、互相促进、互相依赖的。今后，应凭借港口优势，带动城乡建设和整个经济社会的发展，进而走向全国，走向世界。

发挥战略优势，实行全方位开放，必须实行四个战略转变：

（一）在对秦皇岛市的认识上转变。秦皇岛市的进一步对外开放，使它的地位发生了战略性转变，如果思想认识仍然停留在原来的水平上，显然不适应新形势发展的需要。只有不断地修正自己的认识，使思想认识随着客观事物的发展而逐步深化，才能真正认识“庐山真面目”。而要重新认识秦皇岛，必须从两个方面改变观察问题的角度：一是要由局部角度观察问题转向从整体角度认识秦皇岛；二是要由现状观察问题的角度转向从未来发展的角度认识秦皇岛。从整体上认识秦皇岛，就是从全省、全国甚至世界的高度来认识它的特征、优势、功能作用和经济后盾，从全国对外开放的“大棋盘”上认识它所肩负的历史重责和战略地位，要把它的开放、开发、建设同全国、全省和京津唐经济区的战略结合起来，同港口及腹地的发展协调起来，自觉地服从大局，服务大局，成为河北、北京、华北对外开放的“前哨”，逐步形成“前哨”与“腹地”相结合的，超越地理、行政区划界限的横向经济技术网络。从未来发展的角度认识秦皇岛，就是从广阔的空间来设计它的动态形象，科学估量它对外开放和经济发展的广阔前景。过去一段时间里，由于受“左”的影响，秦皇岛市发展缓慢，基础差，底子薄，既没有形成区域性的中心城市，也尚未形成对外开放的“窗口”。然而，这并不能说明它的未来，只能说明它的潜力很大。在城市与港口的关系上，由于因袭传统体制形成的概念，有些同志看不到港口未来的发展，看不到港口发展与秦皇岛市发展的密切关系，没有充分认识到秦皇岛市之所以成为一个沿海对外开放城市，是由于港口的存在而决定的。

它不但决定了秦皇岛这个城市的形成，也决定着其未来发展的前途。随着港口由单一功能向综合功能的发展，必然进一步带动秦皇岛市的对外开放和经济社会的发展。只有站在这个大格局上，才能真正认识秦皇岛，才能对秦皇岛的未来充满信心。

（二）在经济循环的导向上转变。广大农村要由自然经济转向商品经济；工业生产要由“小而全”“大而全”的生产方式转向专业化协作、社会化大生产的方式。由封闭性内向型，逐步转向开放性外向型。实现这个转变过程，需要较长的时间。在这个过程中，必须把内向发展与外向发展两大循环系统有机地结合起来。通过对外开放和横向联合的各种渠道，利用国内外资金、技术和资源，弥补自身之不足；根据国内外市场需求，调整和完善产业结构、产品结构、技术结构，适应外向发展的需要；运用经济杠杆和必要的行政手段，把一切适宜出口的商品都调动起来，开拓国际市场，参与国际竞争，扩大创汇能力；积极发展国内市场，寻求新的流通渠道，把参与国内竞争作为走向国际市场的跳板；加快经济技术开发区建设，使其尽快成为出口创汇的“桥头堡”，成为经济模式转变的先导。近期，应采取优惠政策，办好第一批中外合资项目，增强对外的吸引力。

（三）在经济布局上转变。由主要集中在城市，转向城乡一体，以城带乡。消除人口增长过猛和破坏生态平衡两大隐患，有计划地建立卫星城镇，逐步实现以城市为中心、卫星城镇为纽带、广大农村为基础的城乡经济一体化。城市经济应以辐射状向农村展开，建立生产、流通、服务三大体系，发展城乡多层次、多成分、多形式的经济联合，城乡互相补充，各自发挥优势，逐步形成新型城乡经济布局。

（四）在技术结构上转变。由劳动密集型为主，转向知识、技术密集型为主；由主要依靠资源优势，逐步转向主要依靠智力优势。从优化传统技术入手，积极吸收、消化世界新技术革命成果，不断发展新兴技术，增加各产业的知识技术含量。先进的技术结构，必须有相应的人才结构。不仅要有一批能够迎接世界技术革命挑战的骨干人才，而且要不断更新劳动力技术构成，不断提高劳动力素质和管理智能化水平，逐步把整个经济转移到现代化科学基础上来。

在战略转变过程中，应处理好如下几个方面的关系：

（一）正确处理社会主义物质文明建设与精神文明建设的关系，在建设高度的社会主义物质文明的同时，一定要努力建设高度的社会主义精神文明，这是带有根本性的战略决策。在社会主义时期，物质文明为精神文明的发展提供物质条件和实践经验，精神文明又为物质文明的发展提供精神动力和智力支持，为它的正确发展方向提供有力的思想保证。秦皇岛市作为对外开放城市，不但要成为物质文明的窗口，而且要成为精神文明的窗口。必须坚持社会主义精神文明建设的基本指导方针，用共同的理想动员和团结全体人民，树立和发扬爱祖国、爱人民、爱劳动、爱科学、爱社会主义的道德风尚，加强社会主义民主、法制、纪律的教育，不断提高全民的思想道德素质和科学文化素质。要大力普及和提高教育科学文化，以社会效益为最高标准，发展教育、科学、文学艺术、新闻出版、广播影视、卫生、体育、文物、图书馆、博物馆等各项文化事业，形成有利于社会主义现代化建设和全面改革的舆论力量、价值观念、文化条件和社会环境，创造出以马克思主义为指导的，批判继承历史传统而又充分体现时代精神的，立足本国而又面向世界的，这样一种高度发达的社会主义精神文明，这是秦皇岛市对外开放和经济振兴成败的关键。

（二）正确处理经济建设与城市建设的关系。经济建设与城市建设是互为制约、互为促进的统一整体。因此，要统筹考虑，绝不能顾此失彼。必须有完善的城市总体规划、城乡建设规划和环境保护规划，使之配套和协调。城市设施是城市人民生活和经济发展的基础，在安排生产项目投资的同时，必须适当安排城市基础设施建设的投资，使二者按比例协调发展。在市政建设上，既要突出重点，有主有从，又要兼顾各方，使整个城市功能协调，把基础设施、旅游设施和文教卫生设施搞上去，提高城市的承载能力，促进经济和各项事业的发展。

（三）正确处理基础建设与经济发展的关系。经济发展必须建立在可靠的基础之上。没有坚实的基础就不能扬优补劣，就不能有效地对外开放。

“七五”期间，特别是前两年，应把工作重心放在基础建设上，不但要把物质基础砸实，而且要注意打好智力基础。把经济头绪理顺，把工农业结构调整好，把企业管理提到新水平，建立起一支与经济发展相适应的干部队伍和技术队伍，健全教育、生产、科研相结合的体制和较为完整的信息系统，进一步把农村乡镇和城市街道的工作搞活，从基层起，逐级增强素质，提高本领。只有把这些基础工作做好，经济社会的发展才能稳中求快，快中求好。

（四）正确处理速度与效益的关系。由于秦皇岛市战略地位和功能的变化，国家和省在这里新上的重点建设项目和外引内联项目将会增多，地方建设也必将随之加快，经济发展可能出现较高的增长速度。在这种情况下，尤其需要注意速度与效益的统一。在宏观上，要保证经济建设、生态环境和人民物质文化生活的协调发展，不断完善和加强城市的综合服务功能；在微观上，紧紧围绕提高产品质量和降低物质消耗这两个环节，大力改进和加强管理，真正把企业的工作转到以提高经济效益为中心的轨道上来，力求以较好的经济效益来确定适度的经济增长率，使微观经济走上优化。

（五）正确处理新建与改造的关系。国家在秦皇岛市的重点建设项目，关系国民经济全局，也必将壮大秦皇岛市的经济实力，对提前实现翻两番起到重要作用。因此，应首先抓好这些项目，并积极争取国家和省安排更多适合秦皇岛市特点的新建项目。同时，安排与之配套、服务的地方建设项目，以谋取事半功倍之效。地方建设，应根据自己的实力，量入为出，发展一些投资少、见效快的项目。在一定时期内，应把有限的资金重点用在传统产业的技术改造上，靠挖掘内涵潜力扩大再生产。城市的建设、改造要与港口建设、改造配套，生产建设与公共设施建设配套，使新建与改造有机结合，互相促进，市港一体，协调发展。

三、战略目标

依据党的十二大提出的总任务、总目标和关于进一步开放沿海港口城市的战略决策，以及全省总体战略的要求，秦皇岛市到2000年的总目标是:

利国兴市富民，步入“小康”。

到2000年的具体目标，有高、中、低三个方案可供选择（附件一），中方案的指标如下：

（一）经济发展水平。国民生产总值达到47亿元，为1980年10.2亿元的4.6倍，平均每年递增7.9%，其中第一产业占17%，第二产业占42%，第三产业占41%。工农业总产值达到72亿元，为1980年12.5亿元的5.7倍，平均每年递增9.1%，其中工业总产值（包括村办工业）达到60亿元，为1980年7.8亿元的7.6倍，平均每年递增10.7%；农业总产值（不包括村办工业）达到12亿元，为1980年4.7亿元的2.6倍，平均每年递增4.8%。

（二）科学技术水平。传统产业用国内外先进技术装备起来，新兴产业具有一定规模。主要产品的质量和性能达到发达国家80年代水平，少数领域接近当时世界先进水平。

（三）创汇能力和对外贸易。外汇收入达到19亿美元，比1980年的4.8亿美元平均每年增长7.2%，其中地方贸易创汇达到2亿美元，非贸易创汇达到0.5亿美元，出口商品收购额占工农业总产值的12%以上。

（四）人民生活水平。人均国民收入达到1400元，为1980年415元的3.4倍，平均每年递增6.3%。人均消费722元，为1980年207元的3.5倍，平均每年递增6.4%，其中城镇人均消费达到1000元，为1980年450元的2.2倍，平均每年递增4%；农村人均消费达到560元，为1980年165元的3.4倍，平均每年递增6.3%。城乡差别之比，由1980年的2.71∶1缩小到1.8∶1。吃、穿、用、住标准提高，文化消费比重上升。城镇居民住房人均使用面积12平方米，实现90%以上住户集中供热；农村住房人均使用面积15平方米。

（五）社会事业。城乡总人口不超过270万人，其中城市三区非农业人口控制在55万人左右。城乡劳动力基本就业。城市及有条件的乡镇普及高中和职业教育，农村普及九年义务教育。平均万人拥有中专在校生35至45人。平均千人拥有医疗床位由1980年的2张提高到4张左右。文化体育设施达到国内中等城市先进水平。公共交通事业显著改善，乡以上公路质量提高，城市干道密度由1983年的1.39公里/平方公里，提高到2.39公里/平方公里。

（六）城乡生态环境和生活环境。污染源得到有效治理，大气、饮用水和海水质量、工业污染物排放量和噪声等均达到国家规定的一、二级标准。森林覆盖率达到40%至45%。城市人均公共绿地面积达到8平方米以上，生活垃圾无害化处理率达到60%以上。

实现上述目标分两步走：前五年即“七五”期间，理顺关系，打好基础，调整结构，积蓄后劲，创造良好的投资环境。到1990年，国民生产总值达到25.5亿元，平均每年递增10.2%；工农业总产值达到32亿元，平均每年递增10.7%，其中工业总产值达到24.2亿元，平均每年递增12.8%，农业总产值达到7.8亿元，平均每年递增5.3%；人均国民收入达到885元，平均每年递增7.9%；人均消费502元，平均每年递增7.9%。后十年稳步发展，实现战略目标。

四、战略重点

对外开放，最根本的就是发展国际商品经济。秦皇岛市在这方面恰恰是薄弱环节。在未来发展中，应把面向国际市场、走贸工农路子、增强出口创汇能力作为战略重点。这是国家赋予沿海开放城市的历史重责，是带有全局性、长远性的决策，是城市性质所决定的。为了保证这个战略重点，应紧紧抓住如下五个方面：

（一）积极促进港口由单一功能向综合功能发展，振兴临港产业。

港口未来发展的趋势是，煤炭输出能力逐步增强，并由单一功能逐步向综合功能发展，实现国家码头与地方码头、能源中转与百货中转、国内航运与国际航运、货运与客运的有机结合，形成一个以能源输出为主的综合性的国家北方大港、世界最大的煤炭输出港。为此，港口建设将是秦皇岛市今后建设的首要任务。城市应主动搞好配套和服务，千方百计保证国家确定的秦皇岛港发展规划的实现。到2000年，秦皇岛港吞吐量达到1亿吨，杂货吞吐能力达到1000万吨左右，成为华北和北京的重要出海口。

在统一规划、统一管理的前提下，适时建设以中小泊位为主、杂货运输为主的地方港口，为大港分流配套，拾遗补阙。积极争取尽早开通客运航班，并逐步由国内航班向国际航班发展。

围绕港口，合理开发岸线资源，发展以运、储、工、贸为主的临港产业。第一，发展海洋运输业。组织商船队，开展海上运输，采取多种集疏形式装卸，以吨位小、配船快为特点，通达中小港口及沿江内河码头，沟通国内水上运输网络，逐步形成国内南北运输的第二条大动脉；对港澳和东南亚、日本等进行出口物资运输，为经济技术开发区的“三资”企业输送原材料和产品；组织出口运箱货源，发展集装箱运输；与陆路运输配套联网，改变“空船入港”“空车出站”的单程运输方式。第二，发展仓储业。统一规划，加强管理，对现有仓储业进行整顿改造，合理分工和布点，实行行业联合。同时，有计划地扩大仓储面积，开辟海上货场，建立仓储中心；提高服务质量，改进技术设备，改善经营管理，完善管理手段，降低成本，提高效益，加速商品周转；开展代理、代装、代卸、代运等业务，不断增强仓储的综合功能和现代化管理素质。第三，发展临港工业。围绕港口建立工业群体，充分利用和发挥海运方便、时间短、速度快、成本低等优点，兴办为港口海运配套的加工项目，对部分进出口物资进行粗加工和精加工；利用既有设施和技术力量适当发展修、拆、造船业及其他利用海域的加工业。第四，促进建立河北口岸，把内蒙古、山西、东北、冀东、冀北等地区的物资吸引过来，发展对外贸易；同时，逐步建立自己稳定的商品出口基地，提高工农业产品的出口率。

促进港口向综合功能发展，发展临港产业，应分轻重缓急，量力而行。在明后两年内，应认真办好四件事：充分利用现有码头，与南方福州、泉州等地集资购船，组织船队，联合进行水上运输；搞好抵港靠岸的国际旅游船的综合服务，寻找非贸易创汇的途径；搞好仓储规划，解决存在的问题；积极创造条件，支持港口发展集装箱运输。做好这些起步性的工作，才能为今后的健康发展打好基础。

（二）以扩大创汇为目标，发展旅游经济。

旅游是秦皇岛市的一大产业，是经济兴旺的又一优势。发展旅游业绝不能把主意打在6、7、8三个月份的暑期旅游热上，要大力开发旅游资源，特别是人文景观资源，丰富旅游内容，改善旅游环境，在吸收国内消费资金的同时，注重吸引国外游客，增加旅游创汇，逐步使旅游业由双向型向外向型发展。

针对北戴河功能的变化和创汇旅游的需要，必须合理调整旅游布局。总的方针是：东引西延。东引：在北戴河海滨，净化西山，美化东山，将游客引到东山和旅游新区；有计划有步骤地开发以长城和山海关为重点的旅游区，使山海关这个历史名城成为一流的旅游胜地。西延：就是把北戴河旅游区延伸到“黄金海岸”，逐步开发碣石山、老岭等旅游资源，形成市内旅游网络，进而形成以山海关为中心的长城旅游带和渤海旅游区。

发展旅游业还应采取“开通三线，四点联办”的方略。三线，就是伴随海运空运的发展，逐步开通秦皇岛—上海—广州的海空客班航线；秦皇岛—日本的海上客运航线；北京—秦皇岛—承德的公路旅游线。四点联办就是发展秦皇岛与北京、上海、承德的公路旅游联办，从而大量吸引国外游人，使秦皇岛真正成为国内外游客云集、兴旺发达的旅游城市。

多方集资，建设具有自己特色的旅游设施。旅游设施建设要与城市建设和文化建设紧密结合，与当地自然环境相协调。重点搞好人文景观的普查、鉴定和评价，加强文物保护和重点修复工作，逐步恢复山海关历史名城和军事要塞的风貌，发掘文化遗产。发展与旅客结构相适应的商业、饮食业、服务业和公共交通、通信事业。发展以农产、畜产、水产、山特产为基础的、有秦皇岛独特风格的食品、饮料工业，产品档次适应国内外不同消费者需要的纺织、服装工业，以新、小、美为产品特点的工艺品加工业。

发展旅游业，开发旅游资源，要防止污染环境和水源，切实保持生态平衡。

（三）超前改造和发展玻璃工业。

玻璃工业是秦皇岛市的相对优势，它的前途在于深加工，高质量，多品种。今后的发展不能把眼睛只盯在建材玻璃上，要不断开发玻璃产品，由粗加工到深加工，由低档玻璃到高档玻璃。否则，就有失去优势的危险。因此，应适当集中人力、物力、财力，超前改造和发展玻璃工业，把秦皇岛市真正建设成为国家一流的玻璃工业基地，充分发挥玻璃工业的潜在威力。第一，对现有玻璃行业进行改组联合，形成布局合理、分工明确的玻璃生产、加工体系，集中力量打基础，上质量，攻名牌，攻创汇。围绕提高质量和配套发展，上矿山建设，上耐火材料，上称量自动化，上玻璃机械。第二，集中玻璃行业的科研、技术力量，加强玻璃工业的基础理论和技术理论研究，注意新技术革命成果的吸收和利用，努力赶超国内外先进水平，力争在较短时期内有所突破，以有利于改造传统技术，创造和储备新技术，实现科研、生产、加工的系列化。第三，利用耀华玻璃公司历来同国际国内的经济技术联系，准确把握国内外市场信息和技术信息，有针对性地调整产品布局，开拓市场，占领市场，建立有活力的玻璃出口基地。第四，发展深度加工，逐步形成优势产品系列，注重向建筑业、机械工业、轻工业、电子工业、医疗工业和新兴工业的横向渗透，借助相关行业的发展，不断创造新的加工系列。

（四）发展建材工业，使其迅速成为秦皇岛市的又一支柱产业。

随着玻璃工业的发展和铝材加工业的兴起，必然有力地推动传统建材和新型建材工业的发展。建材工业产值在工业总产值中的比重将大幅度提高，由 1985 年的 9.9%（不含玻璃），到 2000 年达到 6.8%（加上玻璃为 42%），将是秦皇岛最大的支柱产业。应充分利用自然资源、人力资源、技术资源，建设产品多样化、多档次的新型建材基地，并以此带动其他相关产业的发展，成为有主有从、紧密结合、相互依存的有机整体。

传统建材要在统一规划、保证生态平衡的前提下，充分利用丰富的资源条件，发展石灰石、大理石、石英石、花岗岩、砂石料的采掘和加工；水泥、陶瓷工业，既要考虑到本身的资源、技术条件和市场需求，又要考虑到唐山、锦州等周围城市的行业布局，进行行业对话，取人之长，补己之短；既要联合协作，又要有自己的特色，提高产品档次，发展特种产品、深加工制品。与此同时，积极发展新型建材和室内装饰材料。

（五）按贸工农方针，发展农村商品经济。

农村经济的发展，按照各地不同的资源情况和产业基础，大体分为“三线”“四块”，各自发展自己的优势产业。“三线”即长城两侧一条线，以林果业、畜牧业、采掘业为主；从山海关到滦河东岸的“经济走廊”线，以种养业和乡镇企业为主；沿海一线，以旅游业、养殖业、运输业为主，近期应注意山区的开发建设，使山区人民尽快脱贫致富。“四块”，即山丘区、平原区、城郊区、滨海区。在各块内因地制宜地建设商品生产和出口产品基地。山丘区建立林果、畜牧生产和加工基地，以及矿产品、药材生产基地；平原区建立优质粮油、瘦肉型猪和农副产品加工基地；滨海区建立海产品养殖和捕捞基地；城区周围建立以蔬菜为主的农副产品基地和仓储基地。重点是干鲜果品基地、商品粮基地、海珍品基地、建材基地。逐步增强基地的技术装备，改善生产条件，不断提高商品率和出口率。

农作物种植业应以粮油生产为基础，大力提高经济效益，向集约化、机械化、科学化的方向发展；果品生产要作为一个系列产业来建设，加强管理，优化品种，逐步发展品种结构合理、产品品质优良的现代化果园；林业生产坚持用材林、经济林、薪炭林、水源涵养林并重，乔灌草结合，近期以薪炭林和水土养护林为主；充分利用广阔草场和林间草地，发展以草食为主的畜禽；科学开发矿产资源，扶持和发展采金业、采煤业和建材业；滨海开发应把重点放在滩涂养殖和海洋捕捞上，坚持人工养殖与增殖相结合，走精养高产之路，努力增加海珍品产量。

农村经济腾飞，靠大力发展乡镇企业。在贸工农方针指导下，逐步形成以食品加工业、饲料加工业、建筑建材业、采掘业为主的产业群体。近期应发展主要靠多渠道集资而不是靠国家投资的联合企业和农民家庭企业、以开发自然资源和人力资源为主的劳动密集型企业，以及各种服务业。远期应逐步摆脱地理、资源条件的限制，靠技术优势生产适销对路的产品，增强企业的应变能力，从而在市场竞争中立于不败之地。

农村经济要由粗放经营型逐步过渡到集约经营型，向专业化、商品化、现代化发展，使种植业与林牧副渔四业的产值比例达到3 ∶ 7，农业与其他产业产值的比例达到4 ∶ 6，从事耕地经营与从事非耕地经营的劳力比例达到3 ∶ 7。

以上五个方面，既是实现战略重点的重要保证，也是秦皇岛市经济发展的带头产业。紧紧抓住这些方面，必将使产业结构、产品结构、技术结构和智力结构日趋合理化。在产业结构上，必将更加适应国内外市场需求变化和国民经济现代化要求。产业结构的优化将逐步使秦皇岛市展示出：以港口海运为主体的交通运输枢纽，以北戴河、山海关为基础的旅游中心，一、二、三产业协调发展的生产、科技、教育一体化的格局。

五、战略对策

针对秦皇岛地位重要、基础落后，优势突出、劣势明显，环境优美、隐患存在的基本特点，应采取的基本战略对策是：扬自己之长，补自己之短；以人之长，补己之短；以整体之长，克局部之短。经济、技术、社会协调发展，实现良性循环。

（一）扬长避短，以优取胜。

秦皇岛尽管存在着基础差、底子薄的劣势，但也确有许多发达城市不可比拟的优越条件。只要正确认识优势，自觉发挥现实优势，下力气挖掘潜在优势，扬长避短，就能把握优劣势发展转化的主动权，达到以优取胜之目的。

港口是秦皇岛市最突出的战略优势。虽然城市设施较差，但港口设施相对来说较为完善。而且秦皇岛港具有多年管理、建设和改造、发展港口的成功经验，一支素质好的管理队伍和技术队伍，消化、吸收引进技术设备的丰富实践。这些都为合资、合作建港，发掘海上运输的巨大潜力，兴办临港产业，提供了便捷的条件。只要在发挥港口优势上大做文章，促进港口综合功能的发展，促成港市一体，就可获取依托港口之利，这样不但能抑制港口功能比较单一之短，而且可以相应促进城市的发展和经济振兴。

对外开放，将使秦皇岛市的旅游事业迅速发展。随着丰富的旅游资源的相继开发，旅游设施的不断完善，将使其更加显示出秦皇岛市优势产业的战略地位。因此，要全面规划，科学开发，实行国家、集体、个人一起办旅游。以独特的旅游内容、舒适的旅游环境、高质量的旅游服务吸引四方游客，使旅游的“硬件”有特色、“软件”信得过。利用游人云集、客商往来的有利条件，建立会议中心、信息中心、贸易中心。逐步变季节性旅游为常年旅游，促进“季节性优势”向“常年优势”转化，进而促进城市进一步开放和兴旺发达，提高在国际上的知名度，增强吸引力。

对外开放的优惠政策，为秦皇岛市的发展注入了新的动力。应以良好的信誉、高效率的服务、优惠的条件，吸引外商外资，兴办“三资”企业，吸引国内各地企业来秦皇岛兴办各种事业，弥补自己之不足。

（二）引优补劣，发展横向经济联合。

随着社会主义商品经济的发展，秦皇岛市同周围地区的经济联系将日益密切，彼此之间有协作又有竞争。要学习苏州、无锡、常州善于联合、敢于竞争的经验，建立不同层次的交流网络。以唐山为重点，建立同省内兄弟城市的交流网络；以京、沈为重点，加强同两大经济区中心城市的交流；以天津、大连为重点，加强同沿海开放城市的交流；以港口海运为纽带，加强“港联区域”即航线所及的城市和地区的经济联系；以驻深圳和香港办事处为阵地，加强同港澳、东南亚和日本的交流；以国外友好城市为桥梁，加强同世界各地的交流。

发展横向经济联合，要有正确的指导思想，必要的优惠政策和主动出击、扎实工作的精神。要从总体战略出发，在宏观上以我为主，在许多具体项目上甘当配角。要以自愿为前提，平等为基础，互利为核心，谋求自己的发展，增强在竞争中的实力。一是发展人无我有、人少我多或人有我优的产品，强化与其长期合作的吸引力，以竞争力促联合，以联合拓宽新的竞争空间；二是以彼此的名牌、优质产品为中心，开展技术合作，发展共同的系列产品和成套产品，促进产品的更新换代，提高产品档次，开拓产品市场；三是利用港口的战略优势，提供优惠条件，吸引它们来秦皇岛投资，开发资源、兴办企业，吸引它们的各种人才长期或短期地来秦皇岛工作；四是借助它们开展国际间贸易的渠道、信息和经验，扩大出口，增强创汇能力；五是增强对周围大中城市的服务功能，为它们提供多方面服务，特别是为京津唐分别提供口岸贸易和疏港及外贸出口加工等方面的服务，以服务促联合。

开展横向经济联合，要与优化产业结构、调整产品布局结合起来，扬优汰劣，增强优势产业和产品的竞争实力，提高企业素质。

（三）面向经济建设，发展科教事业。

科学技术以应用研究为主，围绕新产品、新技术、新工艺、新设备和农业现代化，走技术引进、技术攻关和技术改造相结合的技术发展路线。

技术改造要以扩大出口创汇、引进创新、提高质量、降低消耗、赶超国内外先进水平为目标，挖掘企业的深层潜力。玻璃、机械、食品要加强全行业技术改造，其他产品要实行一条龙的群体式配套改造，用新技术武装改造工艺设备，不断提高企业的基础工艺水平。传统工业的改造要从合理的工业布局出发，与旧城改造和城市的综合治理相结合，严格控制低水平外延和重复布点。农业的技术改造和技术进步应以提高土地生产率、劳动生产率为基本目标，普及常规技术，优化传统技术，发展农业资源多层次开发利用和养护技术、良种繁育技术，普及推广以中小型为主的先进适用的农业机械。

采取“有限目标，重点突破”的方针，组织科学技术攻关。攻关目标，一是着眼于改造传统产业和技术，加强新产品的研制和开发；二是着眼于新兴技术和新兴产业。以微机应用为突破口，围绕玻璃、食品、机械、电子、新型材料、生物工程、海洋工程等重大课题，进行研究和开发。要充分发挥各科研机构和厂办科研的作用，力争创出一批具有国内外先进水平的科研成果。逐步建立行业科研所和全市中心科研所，设立科学技术基金，开辟技术市场，鼓励技术专利和科研成果的有偿转让。

技术引进要以提高传统产业出口创汇能力和发展新兴产业为目的，使其尽快转化为生产力。要充分考虑自己的吸收消化能力，不盲目引进高精尖技术。注重技术配套，防止重复引进。要由较多的设备引进，逐步转向以“软件”引进、国内缺乏的关键设备工艺引进为主，走引进—消化—创新的路子。加强同国内外的技术合作，对内要瞄准大专院校、科研单位、军工企业，引优补劣；对外要把握信息，采取多元化的技术引进、技术交流战略。

发展教育事业，既要加强普通教育，又要注重职业教育，逐步形成二者并行的教育体系。努力抓好学龄前教育和九年义务教育，改善办学条件，实现高质量基础上的普及。注重办好各种中等专业学校和中等技术学校。通过多种渠道，办好电大、函大、业大、职大，发展师专、医专、经济管理等大专院校，重点培养合格的师资和优秀的技术、管理人才。合理安排普通教育和职业教育的比例。普通教育之后，应有经济技术急需的职业教育。

（四）有步骤地进行行业改造，发挥整体优势。

工业的行业改造要以提高经济效益、社会效益为目标，兼顾工业结构和布局调整、行业改组联合、产品结构调整三个层次，形成相辅相成、分工合理、主次分明的有机整体。中心问题是摆脱小生产思想的束缚，冲破“小而全”“大而全”的模式，牢固树立社会主义有计划商品经济的观念，实现专业化协作、社会化大生产。从优化工业结构、产品结构的企业组织结构出发，对不同行业、企业和产品分别实行发展、提高、改造、控制和转移的方针，在激烈的市场竞争中形成以名优、新产品为中心的母体加群体的企业组织结构，使骨干企业、优势产品和新技术形成拳头，打出去，求发展。

工业结构和布局，应以轻型结构为主，玻璃为特色，建材、临港工业、食品工业、旅游工艺品工业为重点，其他行业相应发展，形成有特色、有创汇能力的工业体系。在发展优势产业的前提下，机械电子工业围绕国内外市场需求和全市各经济部门技术改造、技术装备的需要，走机械与电子、机械与微机数控相融合的道路，实现机电仪一体化。纺织工业应在化纤上做文章，以天然化纤混纺产品和服装加工为主要开发方向，以富有特色的最终产品打开销路，占领市场。

通过行业改造和企业的改组联合，充分挖掘工业的内在潜力，集中力量搞出一批出口能打开市场、内销能替代进口的产品，培植一批产量、质量和信誉在国内领先的拳头产品，逐步形成以优势产品为龙头，以骨干企业为主体的若干跨行业的生产、销售系列或股份有限公司。由此可以设想：面临国内外玻璃发展趋势的挑战，玻璃行业从设计、机械制造、安装调试、生产、深度加工到矿山原料、耐火材料实现系列化生产，攻上去才能巩固优势，发展优势；机械行业可实行巩固、扩散、引进优质产品的专业化协作，多数企业在明确发展方向之后，应围绕发挥本地优势上新产品，武装优势产业，实现整机、零配件生产、加工的系列化、标准化；建材行业应配套发展，形成从铝材制品、平板玻璃、水泥到砖瓦灰砂石、室内装饰材料等配套生产和销售网络；林果，畜产、水产养殖，山野产品的生产、储藏、运输与罐头、食品、饮料的生产协调起来，与发展包装、装潢业结合起来，互相促进。以此增强集团作战能力，克服单打一、自谋生路的局面，发挥群体优势。

（五）节约用水，消除缺水的制约因素。

解决秦皇岛城市发展用水紧缺的基本方针应是：开源节流并重。从长远看，根本出路在于兴建桃林口水库，引青济秦，即把青龙河水引入洋河水库后，再送往市区，形成城市供水的第二大系统。近期，应节流重于开源，采取积极措施，节约用水，降低水耗，适当开辟新水源。第一，新上项目，尽量避开耗水量大的“耗能大户”，积极发展节水型工业，对现有工业企业，结合技术改造，普及节水新工艺和设备，实现由管理节能型向技术节能型的转变，使万元产值耗水量降到200吨以下，达到国内先进水平。建立健全循环用水管线，提高循环利用率，逐步杜绝直排空调水、冷却水，做到空调水、冷却水、工艺洗涤水全部回收，重复利用，使水的循环利用率由现在的30%提高到60%以上。通过降低水耗，解决工业发展需水量的一半。第二，节约生活用水，普及装表计量，用经济手段控制浪费现象。第三，改善供水管理，加强供水设施的养护和维修，管道漏水率降到6%以下。第四，本着城乡统筹、保证重点的原则，综合利用区域内各水系和多种水源，经过充分的可行性研究和多方案比较，选优实施。

（六）严格控制市区规模和人口的“惯性”增长。

坚持四控、四位一体、综合布局的方针，即控制人口自然增长规模、输入人口规模、常住人口规模、城市建设规模的四位一体、综合布局的方针，建立“母子城”或“分散集团式”的城镇布局。城市三区保持相对独立、三点一线、以绿地隔开的组群式态势，使市区有一个宽松的生产、生活环境。海港区为港口中心城市，是秦皇岛市政治经济文化中心，要坚持改造旧城与发展新区相结合，新的工业区和生活区合理布局，逐步形成花园式环境。着重发展玻璃工业、出口加工业、港口服务业和各项科教事业。山海关区是交通枢纽、创汇旅游区，要坚持新旧分家，古今并存，老区坚持古城风貌，新区要与古城风格协调。除现有的机械工业外，着重发展食品、饮料、化纤、工艺制品等轻工业和旅游业。北戴河区肩负着中央暑期办公的重要职能，既是“政治中心”，又是避暑休疗胜地，要保护西区，调整东区，科学开发旅游新区。保护园林绿地，严格控制建筑密度，保持合理的环境，着重发展第三产业和微电子仪表工业。

城市周围，选择昌黎、抚宁等若干交通便利、有水源保证、已具适当规模的城镇作为卫星城，分流人口，减轻城市压力；转移或新建不宜在市区发展的企业；在城乡经济网络中发挥“二传手”作用。同时，建设32个规模不等、功能明显、各具特色的小城镇。小城镇的建设和发展，要以乡镇企业群体为骨干，发展优势产业，相对集中文化教育设施，强化集市贸易机制，形成农村区域性的政治、经济、文化、科教、信息、服务中心。

合理确定城市人口规模极限。“七五”期间，人口自然增长率控制在8.9%以下，后十年逐年达到5.7%。严格控制城市人口的机械增长。除国家分配的大中专毕业生、荣复转退军人、本籍离休老干部和必须引进的专业人员外，一般不要来者不拒，对成建制迁入，除急需的大专院校和科研单位外，应从严掌握。对外地驻秦单位的人员和家属，也应限制定额。到2000年，城市非农业人口控制在55万人左右，其中海港区33万～36万人，山海关区11万～12万人，北戴河区3万～4万人。

（七）开辟资金融通渠道，千方百计筹集资金。

资金短缺将是秦皇岛市经济发展中遇到的主要问题之一。但是，必须充分注意，一方面资金严重不足，一方面城乡群众储蓄大幅度增长；一方面财政紧张，一方面某些地区、某些部门、某些企业的资金急于寻找出路。这种矛盾的现象，将在较长的时间内同时并存。为此，第一，积极开拓银行业务，健全扩展银行机构。由单一的纵向的资金融通体制逐步过渡为国家金融机构为主、多种金融机构并存、分工协作的社会主义金融体系。同时，允许国外金融机构办事处或分支机构进入，形成国内外各金融组织和国内各地区间纵横交错的资金融通渠道。银行之间互相拆借，建立四通八达的资金调度网络。争取国家给予优惠政策，建立合股经营的股份有限公司，运用股票、债券、租赁、补偿贸易等多种信用工具和形式，筹集当地和外地资金。第二，发挥银行信贷和信托投资公司的作用，以经济手段广泛筹集社会资金。大力提倡农民集资办企业、搞建设，鼓励城镇个体工商业、手工业者建设居民公共设施或民办公助性的公用事业，把城乡中巨大的社会闲散资金潜力挖掘出来。第三，地方财政进一步增收节支，提高财政支出效益，优先支持经济效益高、创汇率高的技术改造项目和新建项目，逐步增加智力投资比重。理顺物资流通渠道，改善企业经营管理，降低流动奖金占用，坚决杜绝经营性亏损，逐步减少政策性亏损补贴。第四，贸易生财。大力发展国内外贸易，繁荣经济，增加资金积累。建立多种形式的批发市场，发展多元化的新兴市场，兴办农工商结合的新型商社，成立工贸结合、技贸结合的经济实体。对外贸易要多出口、快结汇，除积极调动本地产品的出口外，还应加强对腹地产品的收购和推销，增加收入。积极争取中央和省在税收、利润分成比例等方面给予优惠。第五，拓宽外资来源，积极利用外资。丰富利用外资的形式，扩大利用外资的范围，逐步提高外资在投资总额中的比重。除依靠本身外汇收入解决外资报酬回流问题外，从长远看，必须打开多种渠道，使外资有净流入，同时使外资获得的利润再转化为长投资，稳定长期的投资关系。在利用外资的同时，积极打出去，发展国外海外合资合作项目。

进口用汇应严格控制。在用途上要按扩大出口、基础建设、以制代进和一般进口的次序合理排队，优先解决扩大出口急需的技术、设备和物资。

（八）建立与经济社会发展相适应的人才队伍。

人才短缺是秦皇岛市资源的最大短缺，建立一支宏大的人才队伍，是实现战略目标的根本保证。在今后的若干年里，必须采取引进、分配、培养三者并重的方针，更多更快地培养人才。力争到本世纪末，形成一支掌握现代科学知识、年龄结构合理、专业配套的技术队伍；形成一支具有经济分析能力、有干劲、有魄力的经营管理队伍；形成一支政治素质好、文化素质高、富于开拓精神的、生机勃勃的干部队伍。为此，必须及早采取措施：第一，加速紧缺人才的培养和现有人才素质的提高，通过脱产或半脱产培训、举办专业学校、高等院校代培、国外进修等方式，进行转向性、复合性及进修性教育，造就一批骨干人才。第二，充分挖掘市内人才潜力。对各级各类科技人员和知识分子，通过各种途径帮助他们更新知识，改变用非所学和用非所长的人才浪费现象，做到人尽其才，才尽其用。第三，广开才路，引进急缺人才。积极争取国内外有真才实学的各种人才来秦皇岛工作。特别是财经、政法、外贸、旅游、海运等方面的管理人才和掌握新兴科学知识的工程技术人才，直接关系到进一步对外开放的，应优先引进。第四，改革各类人才的调配、使用、考核、晋级、奖励等制度，打破人才部门所有制，实行聘用制，允许人才合理流动。第五，制订人才培养、引进规划，建立人才流动服务中心，对人才需求进行长期的科学预测，逐步使人才趋向合理化。

（九）实现发展战略，必须坚持把改革放在首位。

要从秦皇岛市的实际出发，创造性地贯彻执行党和国家关于改革和开放的方针政策，围绕开放搞活和群众致富，大胆探索，勇于开拓，使改革和建设相互适应，相互促进。

城市改革的主题，是发挥城市的多功能作用。当前城市改革的主要方面是：搞好以宏观调节控制为中心的配套改革，突破条块分割，实行全方位的联合；进一步增强企业活力，利用“破产法”变压力为动力，扭转企业亏损局面；促进政府职能的转变；解决干部终身制和改变用工制度；精简上层机构，提高工作效率；建立多形式、多渠道扶持乡镇企业的基金制度；实现城乡经济一体化。

围绕发挥优势，改革体制，理顺关系。在港口管理体制上，应强化城市的服务和配套功能，研究与交通部合作的相关政策，发挥地方服务和建港的主动性，创造地方利用港口发展经济的方便条件；在旅游管理体制上，首先要解决好地方与国家分汇比例等问题，充分发挥地方发展旅游经济的积极性；在外贸管理体制上，争取外贸经营权，发展多元化的口岸贸易。通过改革，加强经济执行机构，紧缩经济管理机构，建立经济决策咨询机构，强化经济监督机构，形成科学和效率的决策—执行—监督系统，加强政府对宏观经济的控制机能和服务职能，逐步由直接控制为主转到间接控制为主，完善间接控制手段，不断提高决策民主化、科学化水平。

改革是一场深刻的革命。通过一系列改革，将革除束缚生产力发展的种种积弊，促进对外开放和社会主义有计划商品经济的发展，社会生活和经济生活将会发生深刻的变化，也将促进人们观念的现代化。只要坚定不移地把改革深入下去，坚持走“创新路、打基础、求发展、闯出去”的路子，可以相信，秦皇岛的未来发展将会比人们预料的还要快、还要好！

（一九八六年九月十九日市七届人大常委会第二次会议通过）

后　记

《难忘的岁月》是一本专题纪事文集，重点记述了白芸生同志从1985年1月至1989年4月任秦皇岛市委书记期间，秦皇岛市党政工作中的一些重大事情和经验做法，对于全市各级领导干部了解、研究和掌握秦皇岛进一步开放的工作规律，在新时代推进沿海强市、美丽港城和国际化城市建设具有一定的参考价值。

本书包括正文、附录、后记三部分，编辑过程中主要参考了《滨城纪事》等书籍资料，从中选取符合本书需要的篇章，进行编辑、校对、修改。

本书在编印过程中得到了各级领导的关怀和各方面的帮助以及白芸生同志家人的大力支持，在此一并表示感谢！由于本书所涉内容距今相对较远，加之编辑水平有限，难免有疏漏和不足之处，敬请广大读者多提宝贵意见。

中共秦皇岛市委党史研究室

2020年6月